経済と人間の旅

宇沢弘文

nbb
日経ビジネス人文庫

経済と人間の旅　目次

第Ⅰ部 私の履歴書

第II部　人間と経済学

第I部

私の履歴書

経済学者——人間回復、考える時に

私は今、スペインのバルセロナにいる。戦後約六十年が過ぎ、ヨーロッパでは都市とか自然に対する考え方が大きく変わってきた。例えば、川岸を覆うコンクリートをはがして昔ながらの蛇行する川に戻し、周囲にその地域特有の樹木を植える。小鳥や動物がそこに集まり、子どもたちの格好の自然観察の場となった。

自動車を中心とした交通体系を見直して市電などの公共交通機関を復活させ、街の中心部から極力、自動車を締め出すようにした。その結果、商店街などの懸念とはむしろ逆に市街地が活性化し、雇用が増える都市が数多く出てきた。そうした実例をつぶさに見て歩き、研究に役立てようと数日前からヨーロッパを訪れているのである。

新しい考え方をひとことで表現すれば、「人間の回復」を目指した運動であると言ってよいのではないだろうか。

それに対して日本はどうか。日本は戦後復興をばねに驚異的な経済成長を遂げ、先進国の仲間入りを果たして明治以来の夢が実現した。しかしその過程で美しい自然は失われ、豊かな自然とのかかわりの中で築きあげられてきた日本の地域社会は無残にも崩壊しつつある。

道といえば自動車優先で、人間はおっかなびっくり歩かなければならない。地元が「もう、いらない」と言っているのに、強権を発動してダムや堤防を無理やりつくって押しつける。そんな「人間不在」の政治、行政の論理ばかりがまかり通る。国民の税金を費やしてである。

その結果、国と地方を合わせて六百六十六兆円に及ぶ負債を抱えることになった。この莫大な借金を背負い、何十年にもわたって返済の責務を果たさなければならないのは、子どもたちなのである。昔から「子は宝」と言われてきた。その子どもが大人たちに負債を押しつけられ、つけを払わされる。なんと悲惨なことだろうか。

私は経済学者として半世紀を生きてきた。そして、本来は人間の幸せに貢献するはずの経済学が、実はマイナスの役割しか果たしてこなかったのではないかと思うに至り、がく然とした。経済学は、人間を考えるところから始めなければいけない。そう確信するようになった。

中でも教育は、経済学の重要な対象である。私の考えについては、後に改めて詳しく述べるつもりだが、教育は私が提唱する「社会的共通資本」の大事な要素であると考えるからである。陰惨ないじめ、荒れ果てた教室、不登校問題など学校教育をめぐる課題は数え切れないほど多い。しかし、これらを学校の努力だけで解決することは到底不可能である。社会にとって、もっとも大事なものの一つである教育制度を社会が粗末に取り扱った結果として起きたものだからである。

社会的共通資本は一つの国ないし特定の地域に住むすべての人々が豊かな経済生活を営み、すぐれた文化を展開し、魅力ある社会を持続的、安定的に維持することを可能にするような〝社会的装置〟を指す。それは教育をはじめとする社会制度、自然環境、道路などの社会基盤の三つによって構成される。

年を経るとともに、私の研究テーマが自動車、医療、教育、環境問題などへと広がったのは、経済学が本来、取り組むべき課題がそこにあるとの思いを深くしたからにほかならない。

それは私が、政治や経済の面ではあまり恵まれなかったものの、すぐれた文化と豊かな人間性をはぐくんできた山陰に生を受けたことと無縁ではない。

筆者

米子生まれ――教育・医療を尊ぶ風土

私は昭和三年（一九二八年）七月二十一日、鳥取県米子市で生まれた。四男一女の二番目である。生家は代々米屋を営んでいたが、いつのころだったか今となってははっきりしないが、かなり昔につぶれた。宇沢家の始祖は江戸中期にさかのぼるという。元は米子の南に位置する西伯町の法勝寺《ほっしょうじ》というところの出で、後に米子に移った。

米子は大和朝廷に先んじて独自の文化を築いた出雲文化圏に属している。隣接する淀江町には、平安時代に火災に遭って廃絶してしまったが、法隆寺の建設時期とそれほど違わない七世紀後半に建設された寺院があった。上淀廃寺《かみよどはいじ》と呼ばれるその寺院跡は、周囲の田んぼを見渡す小高い丘の中腹にあり、十年ほど前には、法隆寺のそれを彷彿《ほうふつ》させる流麗な壁画の破片が約千三百点も見つかっている。

美術史の専門家は、絵師を奈良から招き、描かせたと解釈していると聞いているが、本当にそうだったのだろうか。出雲は早くから渡来人が住みつき、大陸や半島の文化が真っ先に入ってきた場所だったからである。

また、因幡《いなば》の白兎伝説に登場する大国主命《おおくにぬしのみこと》は出雲の統治者であると同時に、医療の神様でもあった。そのためであろう、山陰では医療と教育が尊ばれ、子どもの一人は医師に、一人は教師にという考え方が昔から根強くあった。

それはきっと、かつての山陰の貧しさとも関係していたのだろう。郷里では「岡山や広島の女性とは結婚するな」との言い伝えがあった。もうずいぶん昔の話になるが、伯備線に乗って瀬戸内側から北上したとき、山を越えたとたんに家のつくりから雰囲気までが一変したのを覚えている。当時は山陰と山陽でコメの生産性がずいぶん違っていたので、言い伝えは豊かな家の娘と結婚してもうまくいかないということを諭したものだったらしい。

宇沢家は長い間、男の子に恵まれなかった。全くの女系家族と言ってよく、跡継ぎの男がいない状態が実に二百年も続いたという。だから父も祖父も養子である。

祖父は大工だった。請われて婿《むこ》入りしたが、女の子二人に恵まれただけで男の子は生まれなかった。このため、離縁させられた。二人のうち、上の女の子が母の寿子《としこ》である。祖父は母が十四歳か十五歳のときに家を出た。そして米子からかなり隔たったところの、ひなびた場所に小さな家を建て、終生ひっそり暮らしたという。

母は、私がものごころつくようになったころから祖父の話をよく聞かせてくれた。子ぼんのうな人で、ずいぶんかわいがってもらったと言っていた。縁が切れてしまったのだから仕方がないが、私が実際に祖父の家に行ったのは二度しかない。いずれも小学校のころだったが、とても喜んで、ものすごく歓待してくれた。

祖父は家を去るに当たって大工の腕をふるい、一棹《さお》の立派なたんすを作って娘たちに残した。そのたんすは今もわが家にある。

指物師が作るたんすとは少し違うが、幅六尺（一尺は約三十センチ）以上あり、高さもある。二度の空襲に遭いながら焼けずに残った。狭い家には大き過ぎ、置いておくのは大変だが、娘二人を残して家を出ていった祖父の悲しい思いがこもっている感じがするたんすなので、何年か前に修理した。

父、時夫は小学校の教師であった。二十歳そこそこで宇沢家に婿入りし、すぐに子どもができた。待望の男の子だった。兄の照水《てるみ》である。

家族と過ごす３歳ごろの筆者（右端）

一家上京——父が商売失敗、苦境に

私が三歳になったころ、父の時夫は米子の小学校の教師をやめ、家族を連れて東京に出た。私は二十二歳のときの子どもだから、父は当時二十五歳の若さであった。むろん母は強く反対したが、父は頑として言うことを聞かなかった。母はとうとう説得をあきらめ、家屋敷、家財道具を処分した。その中には、飾るのにひと部屋が必要なほど大きなおひなさまもあったと聞いた。

東京に移って住んだのは田端だった。田端は当時、芥川龍之介をはじめとして文士が数多く住んでおり、文士村と呼ばれていた。そこに一軒家を借りて住んだ。あまりはっきりとは記憶していないが、ずいぶん大きな家だったような覚えがある。もっと後の話だが、郷里の米子出身の学生が何人か家に下宿していたことがある。

父は東京に出て何年かして、商売に手を染めた。高円寺でレストランを始めたというので、母寿子が私を連れて様子を見に行ったことがある。

「何が食べたい？」と聞かれたので、あのころはごちそうだったチャーハンが食べたいと答えた。ところが、たまたま店の裏に回って外をながめていたら、近所の店からチャーハンが運ばれて来た。いったいどういうことなのだろう。子供心に不思議に思ったことがある。

ずっと後になってわかったことだが、そのとき父は、だれかにだまされていたらしい。私が滝野川第一小学校の三年生か四年生のころだった。米子の家屋敷を売った何万円という大金は結局、全部なくなってしまい、家にもほとんど帰って来なくなってしまった。

父は米子の隣にあった春日村（現在は米子市に併合されている）の農家の生まれである。男兄弟がたくさんいたので、養子に出された。養子の身であったために、教師になった後も給料は全部実家に取られてしまっていた。郷里ではそんなしきたりがあったらしい。さぞ、憤懣《ふんまん》やるかたなかったことだろう。

そんなごたごたがあったので小学校時代の記憶はあまり鮮明には残っていない。ただ母はよく私を連れて歩いた。母と歩くのはうれしかった。子供心に、母に頼りにされていると感じたからだ。

それまで、私はひどく粗末に扱われている気がしてならなかった。兄の照水は二百年ぶりに生まれた男の子だったから、非常に大事に育てられた。それに比べて二番目の私は「いらない」などと言われ、幼稚園にも行かせてもらえなかった。

だから母と出かけると、ついうきうきしてしまい、電車を待つ間に駅で歌をうたったりした。すると母は、どうしても歌うのはやめてくれと言う。私がひどい音痴だったからである。もっとも、自分が音痴であることに気付いたのはずっと後年のことである。

東京には母の妹、政江も出てきて、結婚してからも私たち一家と一緒に住んだ。叔母が結婚した相手は堀越という人で、その人の父親は横山大観の弟子筋に当たる日本画家だった。田端の山の上に豪壮な家を構えていた。

叔母はなかなか厳しい人で、和裁が上手だった。私は手が不器用だったから、学校で工作の宿題が出ると、叔母が作ってしまう。しかし、あまり上手過ぎて学校には持って行けない。仕方なく家に置いておくと、追いかけてきて学校に持って行けと言う。〝プロ〟が作ったものを先生に見せるわけにもいかず、ずいぶん困った記憶がある。

厳しかったが、私たち兄弟は叔母に育てられたようなものだった。

筆者が入学するころの滝野川第一小学校

一中の自由──高度な数学、熱中する

昭和十六年（一九四一年）四月、私は東京府立第一中学校に入学した。現在の都立日比谷高校である。日中戦争は拡大し、軍部の発言力が一段と増していた。この年の入学試験は筆記試験がなく、内申書と面接試験だけだった。新入生の制服は先輩たちと違い、カーキ色の国民服と戦闘帽になった。そんな時代にもかかわらず、一中には非常にリベラルな、良い先生がたくさんいた。良い先生というのは教え方が上手ということではない。子どもたちを大事にする先生である。

生徒たちはそうした先生のもとで自由な空気を吸い、自分の好きな勉強をした。私が好きになったのは数学だった。それも、高木貞治先生の『解析概論』などを読み、かなり高度な数学を独学で勉強していた。家には数学に関する本がたくさんあったし、一中の図書館に「如蘭文庫」があって、数学の本にこと欠かなかったからである。

先生方も鷹揚《おうよう》なもので、幾何の某先生は間違えることがよくあり、授業中に「宇沢、この証明はこれでよろしいか」とよく尋ねられた。生意気にも先生の間違いを指摘したこともあったが、今考えてみると授業により熱が入るようにわざと間違えてくださったのだろう。

学校の前には新坂という坂があった。新しくできた坂という意味だそうで、そのまま名付けられたという。学校に遅れそうになると、この坂を駆け上がった。そこで、われわれはこの坂のことを遅刻坂と呼んでいた。坂の途中に幸楽という料亭があった。ここは昭和十一年の二・二六事件のとき、反乱軍が立てこもったところである。そのときはまだ小学生だったので記憶はない。一中の先生は「事件のときは、歩兵第三連隊が大砲をこっちに向けていた」と話した。

二・二六事件に強く関心を引きつけられたので、東京中の図書館を回って歩いたり母や叔母に聞いたりしたが、だれも詳しいことを知らない。学校の先生に聞いても詳しいことは教えてもらえなかった。デリケートなことがあって、言いたくなかったのだろうと思った。

同級生には、個性豊かな人間がたくさんいた。文藝春秋の社長を務めた田中健五は早熟で、軟派を自称する文学少年だった。モーツァルトのケッヘル（曲につけた整理番号）をそらんじることができたし、映画にも詳しかった。中学生には禁じられていた映画を何人かと連れだって見に行ったこともある。

一番思い出に残っているのは、近世の日本経済史研究の第一人者で、慶應義塾大学教授、国際日本文化研究センター教授などを歴任した速水融とのことである。速水は小学校五年生を終えて一中に入ってきた。一学年二百七十人ほどいた中で、五年生から飛び級で入学したのは速水ともう一人だけだったから、大変な秀才だった。夏休みの宿題に、日本の都市の人口分布表を作って提出し、賞を取った。今、彼が研究のテーマにしている人口の歴史とどこかでつながるものがあるように感じる。

速水には哲学者の三木清、農政学者の東畑精一というすごいおじさんが二人いた。速水の父上は東畑精一の弟で、速水家に入った物理学者だった。その人の妹が三木清と結婚した。知に恵まれた環境で育っただけあり、われわれのクラスで一番光っていた。

しかし、十四、五歳のころというのは知的、精神的にも、身体の上でも、急に大人びてくる年ごろである。たった一年の差でずいぶん違い、速水にもそうした悩みがあったようだ。とはいえ、早熟な彼が私の人格形成に及ぼした影響は、小さくなかった。

中学校４年生のときの筆者（後ろから２列目、左から３人目のめがねの人物）

勤労動員――作業抜け出し川遊び

中学四年生になった昭和十九年(一九四四年)の七月、戦況は厳しさを増す一方だった。軍需産業の労働力が絶対的に不足し、私たち中学生も本格的に勤労動員に駆り出された。私が行ったのは、蒲田から当時の東急目蒲線で一つ先の矢口渡という駅近くの工場だった。倉本計器精工所という会社の工場で、ここでは潜水艇の速度計などを製造していた。

部品を集めて旋盤で穴をあけ、組み立てる。そして正確に作動するかどうかをテストする作業だった。しかし、私は不器用なものだから、試験装置にかけてもガタガタ音がするばかりでうまく動かない。仕方ないのでかなづちでたたいたりしてみたが、それでもだめだった。見かねた工員の一人が「困ったねえ」と言いながら、にこにこ笑って直してくれた。

工員たちは人柄が良く、すばらしい腕を持った人が多かった。中でも職長は魅力あふれる人物だったが、もうそのころから戦争に疑問を持ち始めていた私は工場の生活が耐えられなかった。ときに、友人の一人、飛島隆雄と工場のへいを越えて抜け出し、近くの多摩川へさぼりに行った。和船を借りて来て、川にこぎ出すのである。飛島と二人、船の中で寝そべっていると、戦争中であることがうそのようだった。

あるとき、飛島が誤って船から落ちた。びしょぬれの服で工場に帰ったが、職長にはそれほど怒られなかった。

ストライキに及んだこともある。その工場では女学生も一緒に働いていた。ところが、どう見ても女学生の方が食事も待遇も良い。そこで、工場長だったか総務部長を〝缶詰め〟にして待遇改善を要求した。首謀者は速水だったように記憶している。何とか待遇改善は勝ち取ったが、当局に漏れた。何といっても戦争中である。ストライキをしたことが分かったら、いくら中学生でもただでは済まない。首謀者はだれか内偵が始まったが、先生たちがかばってくれて事なきを得た。ただ、クラス全員の親が呼び出され、「今度、同じようなことがあったら上の学校には行かせん」と厳重注意をうけた。

戦局はますます悪化した。私たちは四年で繰り上げ卒業することになり、一年上の学年とともに三月末、一中を卒業した。

その前後から空襲が頻繁になり、田端の家は危ないというので永福町に転居したが、そこも空襲に遭い、母や弟たちはとうとう郷里の鳥取に疎開した。私は一高を受験して合格していた。郷里では教師や医師になることが尊重され、私もそれにならって医師になろうと理科乙類に入ったが、授業はほとんど行われず工場通いがその後も続いていた。しかし、四月末に工場が空襲で全焼してしまい、一高の寮に入った。間もなく、夏休みになったので、郷里の鳥取に帰省することにした。

帰省といっても、米子にはもう自分たちの家がなかったから、岡山県と広島県の県境に近い山あいにある曹洞宗の古い寺で「修学」することになった。その寺も遠い親せきに当たっていた。伯備線の生山という駅で降りて、駅から一時間ほども歩くのである。

毎日朝早くから自分の部屋で一人で読書を続けていた。夕方になると、寺の小僧さんが「和尚さんが呼んでいます」と呼びに来る。ついて行くと、ごちそうが用意してあった。それを食べ、お酒を飲みながら、住職の説話を聞いた。住職は人間の生き方についていろいろ話してくれた。実にすばらしい話だった。終戦の詔勅を聞いたのも、この寺でだった。

昭和20年４月の空襲で焼けた矢口渡駅

リベラルアーツ——ゲーテの考え方、心に

一高時代の勉強は何といっても語学だった。医師を志望して理科乙類に入った私にとって、最も重要な外国語はドイツ語である。ドイツ語の先生には、幸田露伴のおいの安藤熙《ひろし》先生をはじめ、竹山道雄、氷上英廣さんがいた。毎日、授業があった。入学して一週間、ドイツ語の文法を勉強しただけでゲーテの詩を読まされた。最初に読んだのは失恋した青年が友人とパンをかじりながらワインを飲んで一晩語り明かすという内容の詩で、そうしたことができない友人は本当の友人ではないという。

詩だけでなく、ゲーテの考え方や生き方も知った。ゲーテはワイマール公国の宰相を務めたことがあった。そのとき、国王や貴族の独占物であった芸術作品や学問、庭園などを国民共有の財産として一般に開放した。「公園」はその一例である。ゲーテの考え方はこのとき、私の心に深く刻み込まれた。後年、私が提唱する「社会的共通資本」の考え方はゲーテの思想が参考になっている。

一高は戦時中、リベラリズムの温床として軍部ににらまれていた。入学直前の訓示で、安倍能成《よししげ》校長が私たち新入生に「日本の敗戦はポッシブルではなく、プロバブルだ」と語ったのは印象的だった。安倍先生は憲兵が聞いているので英語を使われていたのだ。

軍部はかねて生徒による自治制度を問題視していて、文部省に対して、一高の廃校を迫った。このため著名なリベラリストの木村健康教授は、寮監として教授たちが泊まり込み、生徒を監督する妙案を考えついた。しかし先生は憲兵隊に連行され、長期間拘留されて体を壊した。そうした先生たちの身を賭した努力がなかったら、一高は私が入学する前に廃校になっていただろう。

学生にはいろんな人がおり、理科乙類には中国からの留学生が多かった。戦時中に設けられた特設高等科の学生で、全部で百人前後もいたであろうか。留学生は毛沢東派と蒋介石派に分かれて激しい議論を戦わせていたそうだが、私が入学したころは毛沢東派が勝利を収めていた。どういうルートで入手したのかは知らないが、毛沢東の『矛盾論』などのパンフレットをこっそり見せてくれた。

しかし敗戦後まもなく、それら特設高等科の友人たちは一人残らず姿を消した。秘密ルートを通じて舞鶴から祖国に帰り、蔣介石の軍隊と戦ったという話を聞いた。中華人民共和国誕生までに多くの友人が戦死した。生き残った人も、朝鮮戦争でほとんどが戦死したという。

共産党前委員長の不破哲三、兄の上田耕一郎の兄弟も一高では有名だった。私は二人の間の学年だったが、理科甲類にいた不破とはよく講義で一緒だった。そんな環境も手伝って私は一時、マルクス主義思想に傾倒したことがある。当時、東京・代々木の日本共産党本部の近くに行くだけで、新しい日本はここからつくるのだという活気と熱気が渦巻いているように感じられた。

ラグビー部には後にアンデス考古学研究の第一人者になった寺田和夫もいた。寺田の兄は著名な仏文学者の寺田透で、よく蔵書を借りた。ディケンズの『デービッド・カッパーフィールド』『二都物語』が印象に残った。

みんな、どの大学に進学するかなどといったことは二の次で哲学や文学、あるいは科学、芸術にいそしんでいた。人類が長い時間をかけて蓄積してきたこれらの知的遺産、つまりリベラルアーツに熱中し、青春をおう歌した。そして先生方は学生を一個の、独立した人格として扱った。

一高ラグビー部のOB会で（左から２人目が筆者）

ラグビー部――腹減り退部、許されず

昭和二十年（一九四五年）春、第一高等学校理科乙類の一次試験に合格すると、運動部が勧誘に来た。真っ先に来たのはラグビー部だった。二次試験を受ける前でラグビー部に入ればうかるという印象を受けた。私は二つの部に入っていればもっと良いだろうと思って、柔道部の勧誘も受けた。しかし、やはりラグビーがよさそうだと思い直し、最終的にラグビー部に決めた。

運動神経は良くないのにラグビー部に入ったのは、体格が良かったからだ。身長は一メートル八十センチある。ポジションは左のロックだった。ロックはスクラムを組む際、それを支える役割。相手の圧力に負けず、ひたすら前進しなければならない。右のロックには伊藤順という天才的プレーヤーがいた。顔が閻魔《えんま》大王そっくりだったので、エンマというあだ名で呼ばれた。試合ではいつも相手から「エンマケア」といってマークされていた。

伊藤は父上の貞市博士と同じ鉱物学研究の道を進み、後にハーバード大学の教授になった。アポロが月から持ち帰った石を分析したのは彼である。

ラグビー部の仲間には彼に限らず、すばらしい人間的魅力を持った人が多かった。フォー・ザ・チームを原則にし、個人プレーをよしとしないスポーツだからだと思う。トライをしても恥ずかしそうに小走りで自陣に戻る。決して喜んで飛び上がったり、手を振ったりしない。その辺りがサッカーとは違う。

ラグビーで忘れられないのは敗戦の年の大みそかに、三高と対戦したことだ。戦後の混乱のさなか、人で鈴なりの列車に乗って京都に行った。駅から宿舎の寺がある百万遍まで歩いたが、焼け野原の東京と違って京都の町並みは昔ながらの光景で、とても感動した。

一高は全寮制だった。寮は学生が組織する委員会が取り仕切る自治組織である。私が寮に入ったのは終戦の少し前だったが、食糧難だったので食事部の委員はじめ、みんなが大変な苦労をしていた。ラグビーの練習をすると腹が減り過ぎて講義にも出られない。ラグビー部をやめることにして寮の別の部屋に移った。ところがある日、部屋に戻ってみると布団や本、身の回りのものがなくなっていた。

伊藤が全部、ラグビー部が入っている部屋に持って行ってしまったという。

その際、一時的に入っていたのが北寮三十一番の部屋だった。この部屋は四歳年上の長老組が入っていた。風格のあるすばらしい人物がいた。その中で後も親しくしたのが後藤昌次郎である。一審で死刑五人を含む被告全員に有罪判決が下りながら、最高裁で全員無罪を勝ち取った松川事件の弁護士である。

その後もずっと、冤罪《えんざい》事件を手がけたが、特に戦後間もないころは司法の独立が必ずしも保障されたとは言えず、国家の統治機構の一環として機能していた。しかし後藤は人間を守る立場を貫き、すばらしい業績を残した。

ラグビーに明け暮れた一高時代もそろそろ終わりに近づいたころ、自分の進路に迷いが生じた。ヒポクラテスの本を読み、どうも医師という職業が自分には向いていないのではないかと思い始めたからである。原因は医師になる際に必ず行われる「ヒポクラテスの誓い」だった。人格高潔で患者のためにすべてをささげ、名誉や金銭的なものを求めないというものだが、私には高いハードルだった。

医学部進学を断念し、入学試験科目の一番少ない数学科を受験することにした。

一高ラグビー部の先輩、稲田献一氏

東大数学科——入試途中退出で合格

昭和二十三年（一九四八年）春、医学部進学をあきらめ、東京大学の数学科を受験することになった。しかし、一高のときはほとんど数学の勉強をしていない。中学時代の蓄積で受験するしかなかった。試験は十五人の定員に対して三百人を超える応募者があり、倍率は二十三倍だった。

とても受かるとは思えなかった。私のすぐ後ろにいる一高生が隣の友人と話しているのを聞いてほとんど絶望的になった。「今度、抽象代数学の本を出すことになったんだけど、メンゲが跋文《ばつぶん》を書いてくれることになった」と言う。

メンゲというのは、一高で最も尊敬されていた数学の教授のあだ名である。その教授に本の跋文を書いてもらうやつがいるのでは、とても私などに勝ち目はない。おまけに、寮の朝食時に友人が田舎から持ってきたイカの塩辛を食べ、のどがかわいて仕方がなかった。あきらめも手伝って試験の途中で試験会場を抜け出してしまった。

合否発表の日、家族が疎開している鳥取に行くつもりで荷造りまで始めていた。鳥取に帰り、寺にこもって勉強し直そうと思っていたのである。しかしラグビー部の友人、浜谷正二郎が本郷までわざわざ見に行き、合格していると知らせてくれた。「たちの悪い冗談はやめてくれ」と言ったら、冗談ではないと浜谷はかんかんに怒った。そこで、二人で本郷まで見に行った。本当に受かっていた。

私は全く予期していなかったあこがれの数学科に入学を許され、天にも昇る気持ちだった。ところが、一高の教務から連絡があり、取得単位と出席日数が足りないので卒業できないという。このときも浜谷が私を連れてビッテに行ってくれた。

ビッテというのは、ドイツ語で「お願い」という意味で、成績の悪い生徒の場合、友人が本人を連れて先生方のところへ行き、どうして成績が悪いかという事情を説明して、成績を上げてもらう〝制度〟だった。

浜谷は私がラグビーの練習だけでなく、マネジャーとして食糧の買い出しもしなければならなかったことを釈明した。教務主任は出席日数と単位を増やしてくれて、卒業できた。こうして私は、浜谷のおかげで何とか東大に入学できた。彼は後に東大工学部に進み、優れた技術者となり、つい最近、亡くなった。

東大数学科の雰囲気は私の期待を超えるものだった。新入学生は一人ひとり、教室主任の彌永昌吉《いやながしょうきち》先生の研究室を訪ね、数学科の学生としての心得をうかがうことになっていた。彌永先生は代数的整数論が専門で、数々のすぐれた業績を残し、当時すでに日本を代表する数学者だった。若いころ、フランスに長く留学したこともありフランス風のエスプリに富んだエッセーも数多く書かれていた。

その彌永先生が、数学科に入ったばかりの新米の私を、学生としてではなく、一緒に数学を勉強する仲間として遇してくださったのである。私は感激した。そのときの感激は、後に私が経済学に転じ、苦しい研究生活を送ったときにも、心の支えとなった。

大学の講義にはあまり顔を出さなかった。ゼミと研究会には頻繁に出席し、図書室から本や雑誌を借り出して家で読むという生活だった。一緒に数学科に進んだ友人の中には、世界の最先端を行く新しい研究に取り組み始めた学生が何人かいた。彼らの議論を聴き、私も遅ればせながら新しい数学を理解しようと全力を尽くした。数学科の学生として過ごした三年間ほど、充実した、楽しいときはなかったような気がする。

ラグビー部の仲間と（左から２人目が筆者、手前右が浜谷正二郎）

混乱の日々——貧困の世情、学ぶ苦痛

昭和二十六年（一九五一年）春、私は数学科を卒業することになった。彌永昌吉先生に呼ばれ、特別研究生として残るか助手になるかを選びなさいと言われた。特別研究生は戦争中にできた制度で、手当をもらって自由に研究ができた。彌永先生はどちらも同じような待遇だが、特別研究生は所得税を取られないとおっしゃった。私は特別研究生を選び、数学教室に残ることになった。ところが文部省が突然、特別研究生制度の廃止を決定した。私たちは研究奨学生となり、奨学金を返還する義務を負うことになった。

その当時、日本の思想的、政治的流れを主導していたのは日本共産党だった。「社会主義革命近し」の空気が流れて世情は騒然とし、数学科の友人の多くも大学の外へ出て積極的に政治運動にかかわっていた。

哲学者の出隆《いでたかし》氏が二十六年、東大教授をやめて共産党から東京都知事選挙に立候補したとき、一高から東大に一緒に入った私の仲間の何人かが選挙を応援に行った。数学科にいた二人の友人は占領軍を誹謗《ひぼう》した容疑で逮捕され、数カ月間も拘留された。

共産党員になった友人もけっこういた。その中に一高時代から共産党員で、東大の党細胞の指導的役割を果たした人物がいた。私より一学年下だったが、学問的な才能があり、鋭い政治感覚と情熱を兼ね備えた人物であった。

そうした環境にあって、私もいくつかのマルクス主義経済学の勉強会に入っていた。最も活発だったのがその友人を中心にした勉強会だった。しかし、私はどうしてもマルクス主義経済学の本質が理解できず悩んでいた。特にスターリンの『言語学』が難解で何回読んでも分からない。その友人は私にこんな言葉を放った。

「宇沢さん程度のマルクス経済学の理解では、とても共産党の入党試験は受かりませんよ」

ショックだった。しかし同時に、経済的混乱が続き、国民の多くが飢えと貧困に直面しているときに、研究生という身分に安穏として、数学のような、ある意味で貴族的ともいえる学問をやっていて良いのだろうかという疑問がわき上がってきた。たまたま読んだ河上肇の『貧乏物語』にも感化され、経済学に本気で取り組まなければならないと固く決心した。

私はそのとき、彌永先生に代数的整数論を学ぶ一方、末綱恕一《すえつなじょいち》先生のところで数学基礎論を勉強していた。研究生をやめたいと切り出すと、お二方とも首を縦に振らない。それでとうとう、「日本の社会がこれだけ混乱しているときに、ひとり数学を勉強しているのは人間として苦痛です」と言ってしまった。彌永先生は肩を落とし、「そこまで思い詰めているのなら、仕方がありません」とやめるのを認めてくださった。

そして、文部省の統計数理研究所を紹介してくださった。しかし一年ほどでやめ、ある生命保険会社にアクチュアリー（保険統計数理士）の見習として入社した。アクチュアリーは保険加入者から支払いの請求があった場合、会社全体として最小限どの程度の資金を準備しておけば良いかを計算するのが仕事である。ある意味で、保険会社経営の根幹にかかわる仕事だった。

見習とはいえ、アクチュアリーとして入社したのだから、経営のからくりは分かる。賃上げ問題をめぐって、会社と組合がなれ合っているのがよく分かった。それを糾弾したら、組合執行部は全員が辞任、私が役員に選ばれてしまった。私は会社をやめるしかなくなった。

数学科の友人と（後列左から３人目が筆者、1950年春）

三人の師――解説に目からうろこ

東大・数学教室の研究生をやめ、一人で経済学の勉強を始めてしばらくたったころ、小田急線の電車の中で、後に大阪大学教授になる稲田献一さんにばったり出会った。私の顔を見るなり、「おめえ、経済学やってんだってな」と声をかけられた。私が経済学を勉強しているのを知っていたのだ。

稲田さんは一高ラグビー部の先輩で、名キャプテンと言われた。一高ではすれ違いだったが、サリンジャーの『ライ麦畑でつかまえて』の主人公、ホールデンに似た、少し偽悪的な、しかしすがすがしい雰囲気のある敬愛する先輩である。

私と同じようにラグビー部から東大数学科に進み、卒業後しばらくして経済学に転じた。そのころは都立大の助手をしていた。「おれが良い先生を紹介してやる」と教えてくれたのが東大経済学部の助教授、古谷弘先生だった。

マルクス経済学全盛の東大で、若手で唯一、近代経済学を教えていたのが古谷先生だった。リベラルな考えの持ち主で、経済学に興味があれば大学、学部を問わず自分の主宰するセミナーに自由に参加させてくれるという。そのときはハーバード大学に留学中で、留守を館龍一郎先生が預かっていらした。しばらくして古谷先生は帰国し、私は古谷先生、館先生、稲田さんの三人の経済学者から経済学を学ぶことになった。

古谷先生が言われたのは経済学の古典を読めということだった。一高時代、経済学の勉強は一通りした。旧制高校ではアダム・スミスの『国富論』、ジョン・スチュアート・ミルの『自由論』、リカードの『経済学および課税の原理』、マルサスの『人口論』、マルクスの『資本論』、マーシャルの『経済学原理』、ソースティン・ヴェブレンの『有閑階級の理論』が必読書とされていた。

私も読んだし、ケインズの経済学もある程度は理解していると思っていた。しかし、古谷先生はそんな一般教養的な読み方ではなく、専門的な観点から書物の理論的内容を正確に理解し、学説的な位置づけをはっきりしなければいけないと言った。私は、経済学の古典を体系的に、専門的に読み通す作業を始めた。それもできるだけ原書で読むようにした。

古典の中で最も難解だったのはケインズの『一般理論』だった。当時、経済学の専門家になるには、『一般理論』が完全に分かっていなければならないと言われていた。しかし、翻訳本は悪文で意味がよく分からない。日本橋・丸善で原書を買い求め、読み出したまではよかったが、今度は英語の文章を理解するのに精いっぱいで、経済学的な内容まで手が回らない。

そんなある日、館先生が『一般理論』を二時間近くにわたって解説してくださった。現実の企業制度と金融制度の説明に始まり、労働の雇用量と国民所得の水準がどのように決まるか、財政支出の規模が変わったときに有効需要にどのような影響を及ぼすかを説明された。さらに貨幣の供給量を増やしたときに市場利子率がどう変わり、有効需要にどのような影響を与えるかについて現実の貨幣の流れと関係づけながら解説してもらった。実に分かりやすく、まさしく目からうろこが落ちる思いであった。

稲田さんからは数理経済学の手ほどきを受けた。中でも出版されたばかりのケネス・アロー『社会的選択と個人的評価』の講義は新鮮だった。その本は問題提起の深さ、分析手法の斬新さで経済学に新機軸をもたらし、二十世紀を代表する経済学の古典の一つとなった。稲田さんはその重要性にいち早く気付くとともに、論理的欠陥を指摘した。

1956年、仲間と奥鬼怒へ旅行（右から２人目が筆者）

米国へ――反共旋風、危うさ認識

一九五六年八月、ケネス・アロー教授の招きで、スタンフォード大学経済学部の研究助手として米国に行くことになった。稲田献一さんに手ほどきしてもらったのがきっかけで、私はアロー教授の理論に深く傾倒していた。私が書いた分権的経済計画に関する論文を読んだ教授が私を呼んでくれたのである。そのときは、一年もしたら帰ってくるつもりだった。

アロー教授は、数学者のサミュエル・カーリン教授、哲学者のパトリック・スーピス教授というスタンフォードの同僚二人と、新しく社会科学に関する研究グループを結成していた。三人にはそれぞれ一人ずつ助手がいた。アロー教授は助手の一人として私を招いたのである。グループの本拠は大学内のセラ・ハウスだった。

セラ・ハウスはかつて、スタンフォードの学長をしていたデービッド・ジョーダンという人が住んでいた家で、大学に遺贈されていた。緑と花に囲まれたスペイン風のしゃれた建物だった。

スタンフォードに着いたちょうどその日、大学で深刻な事件が起きていたことを知った。その日の大学新聞「スタンフォード・デイリー」に、海洋学部の教授が自殺した記事が大きく報じられていたのだ。その教授はその翌日、非米活動委員会に喚問されることが決まっており、それが自殺の原因ではないかと記事にはあった。

非米活動委員会は上院議員ジョセフ・マッカーシーが中心になってできた反共運動の組織で、大学のある地域を回っては共産主義者やその協力者を公にする活動を行っていた。委員会に喚問して、偽証があれば重い罪に問う。その教授は戦争中、共産党員だったが、そのことが公然とした事実として広まると、自分の三人の娘の将来に悪い影響を及ぼすことを憂えて死を選んだという。

五〇年代のアメリカは平和で安定した良い国であった。しかし一方で、ソ連との冷戦構造が形づくられつつあり、社会や政治、経済が徐々にだが、不安定化していった。五〇年二月の「国務省内に共産主義者がいる」という発言をきっかけに、全米を吹き荒れたマッカーシー旋風はその最たるもので、多くの知識人や文化人が犠牲になった。

マルクス経済学者として有名だったハーバード大学のポール・スウィージーが非米

活動委員会で偽証罪に問われ、大学を追われたのは私がアメリカに行く直前のことだった。彼はその後、法廷闘争を繰り広げて無罪を勝ち取ったが、それまでに二十年近くの歳月を要し、学者としてもっとも大切な年代を学問以外のことに費やしてしまった。もっとも、資産家の家に生まれた彼は、自分の財産で『マンスリー・レビュー』を創刊し、マルクス経済学の立場から世界の資本主義の矛盾、問題点を鋭く批判した。

スタンフォードにいたポール・バランも非米活動委員会に敢然と立ち向かった人である。バランはスウィージーの親友で、戦後の米国の大学では、スウィージーとともに数少ないマルクス経済学者の一人であった。

バランは私に興味深い提案をしたことがある。経済学説史の講義を二人でやらないかというのである。私がブルジョア的経済学説史を教え、彼がマルクス主義の立場から教え、互いに批判し合うというユニークな講義だった。それは一年半ほども続いた。

私は彼らとのつき合いや非米活動委員会の運動を通して、米国社会の底には、実に危険なものが流れていることを身をもって知った。

スタンフォード大学にいたころの筆者

結婚――在米の飲み友達が縁に、新居はヴェブレンの旧宅

アメリカでの生活は、日本とは比べようもないくらいに豊かだった。小さいころから肉などほとんど食べたことがなかったから、最初は牛肉と豚肉、鶏肉の区別がつかず、とまどうこともあった。

スタンフォードでは、何人もの日本人に出会った。一人は検事の長島敦さんである。フォード財団が日本の気鋭の学者や検事をアメリカに招き、米国の法律制度について研究する機会を提供したことがあった。そのとき、検事代表として来られたのが長島さんだった。また、東大経済学部を卒業し、学習院大学助教授を務めていた渡部経彦さんが留学していた。長島さんは非常に魅力的な方で、それまでの検事に対するイメージがいっぺんに変わった。渡部さんはなかなかすぐれた経済学者で、学界では「西の鎌倉（昇）、東の渡部」と言われていた。

長島さんと渡部さん、私の三人はたちまち意気投合し、長島さんの家に集まって飲

むようになった。渡部さん夫妻は自家用車を持っていたのでよく、ナパバレーまで片道二時間くらいの道のりをワインの買い出しに行った。一ガロン（約三・八リットル）入りのワインを何本も自動車に積んで帰り、長島さんの家で飲んだ。渡部さんは顔が広く、人の輪が広がった。その中に、カリフォルニア大学バークレー校の大学院に通う日本人女性がいた。

青芳浩子という女性で、父親は有名な牧師だった。浩子は自由学園を卒業して成蹊大学に入った。新制大学の第一期生である。卒業して日本航空のスチュワーデスになったが、一年ほどでやめ、バークレーに留学した。好きな女優のイングリット・バーグマンにそっくりの、はきはきした性格のように見えた。

互いに気に入り、一年ほどつき合って結婚した。一九五七年十二月、大学の中にある教会で結婚式を挙げた。媒酌人は長島さん夫妻にお願いした。結婚式にはアロー教授夫妻も出席した。後になって聞いた話だが、「ヒロはまともに生活していけるか心配だったけど、あなたがついていれば大丈夫ね」と、教授夫人は浩子に言ったそうである。

結婚したので、さっそく住む家が必要になった。当時、セラ・ハウスの周囲はうっそうとした森で、その森を過ぎた辺りにちょっとした道があり、大学の敷地を出たところになかなか良い家があった。頑丈な骨組みの家で、庭には草花が咲き乱れていた。私たちは一目で気に入り、借りることにした。

家主はアン・シムズという女性で、物静かな品のいい人だった。十歳くらいの男の子がいた。ある日、シムズさんと雑談をしていて私が大学で経済学を研究していると言うと、「私の父も経済学者だったのよ。ソースティン・ヴェブレンというんだけど」と言った。私たちはびっくりしてしまった。ヴェブレンは二十世紀を代表する経済学者の一人で、私が以前から尊敬する人物だった。思想的な深さから言えばケインズ以上ではないだろうか。ノルウェー移民の子で苦労して育った。そういう親近感もあって、ヴェブレンが好きであった。その家はヴェブレンがスタンフォードにいたときに住んだ家だったのである。

シムズさんはヴェブレンが再婚した相手の連れ子だったが、義理の父親を深く尊敬していた。そして当時、盛んに行われた平和集会を主催し、私はよく集会に連れて行かれた。集会の会場になったケプラーという書店は、社会主義関係の本しか置いていなかった。集会にはすごく歌の上手な地元の高校の少女が参加していた。その子は、ジョーン・バエズという名で全米に知られるようになる。

結婚式の後の筆者夫妻（1957年12月）

実績――最適成長理論に挑む

スタンフォード大学に行ったころ、私は資本主義経済のメカニズムについて研究していた。その前提となったのは、「競争的社会主義の原理」の研究である。

一九一七年にロシア革命が起きたとき、社会主義経済の計画をどういう基準に従って、どうつくるかが非常に大きな問題になった。経済学者のフォン・ミーゼスとハイエクは、現実の経済は複雑で、そのためには数百万もの方程式を解かなければならないから事実上不可能だと主張した。

例えば革靴を製造する場合を考えてほしい。どういう種類、サイズの靴を作り、そのためには革がどれだけ必要で、どのような機械を使ってどれだけの労働力を必要とするか――といったことを全部計算する。それをすべての商品について行うとなれば、とても不可能である。

だったら、市場メカニズムを使って計画を立てたら良いのではないかというのが「競争的社会主義」の考え方である。社会主義者のオスカー・ランゲとアバ・ラーナーが提案した。競争的社会主義とは計画当局が価格体系を示し、各生産主体は会計上の利潤を最大にするように計画を立てる。そして需要と供給がうまく合わないときは、当局が価格を適当に修正するという考え方である。

ランゲはシカゴ大学からポーランドの国連大使になり、後にポーランドの副大統領になった。ラーナーはケインズの『一般理論』の考え方を展開した人で、二十世紀後半ではロイド・メッツラーと並び、経済理論の分野で最もすばらしい仕事をした。

「競争的な計画経済」という考え方は、第二次世界大戦中のアメリカでチェスター・ボウルズがつくり、ガルブレイスがチーフを務めた巨大な戦時経済計画組織「オフィス・オブ・プライス・アドミニストレーション（物価統制本部）」に実際に生かされた。これは戦争遂行のため軍事、非軍事を問わずすべての物資の生産、輸送、分配の計画を策定、実行した組織で、リベラル派の経済学者を総動員し、ピーク時の職員は膨大な数になった。アメリカが戦争に勝ったのはこの組織があったからだと言われている。

この基本的な考え方を理論的に発展させたのがアロー教授と計量経済学のレオニード・ハービッツ教授であった。しかし、アロー、ハービッツの両教授の理論は静学的というか、資本の蓄積、技術革新が入っていない。ラーナー、ランゲの考え方もそうだった。だから、利子率をどう決めるかが解決されない問題として残っていた。

私は、そういう問題を資本主義経済の分析という形で展開していった。そのころ発表した論文に「二部門経済の成長理論」があり、古典的と言ってもよい業績になった。二部門とは、消費財をつくる部門と投資財をつくる部門のことで、マルクスの『資本論』の資本蓄積に関する理論を数学的なモデルにまとめたと言ってよい。言い換えると、どういうプロセスで資本蓄積がなされるかを示すモデルである。

それを延長していくと、最適な経済成長をするにはどうしたらよいかという、最適経済成長の理論につながっていく。戦後、最適経済成長の問題を真正面から取り上げたのは私が最初だったと思う。

スタンフォードでは、かなりの実績をあげることができた。その間に一年間、カリフォルニア大学のバークレー校で教えたのは楽しかった。スタンフォードはどちらかと言うと、お金持ちの子弟が行く大学で、保守的なところがある。これに対しバークレーは庶民的で牧歌的なところがあり、私にはバークレーの方が居心地が良かった。

バークレーで（左はジョージ・アカロフ—ノーベル経済学賞受賞、右が筆者）

シカゴ大へ――ちらつくＦＢＩの影、窮屈さに決断

一九六二年十月、ソ連がキューバに配備したミサイルをめぐって米ソ関係は極度の緊張状態にあった。キューバ危機である。そんな折、マルクス主義経済学者のポール・スウィージーがスタンフォードにやって来て、同じくマルクス経済学のポール・バランと一緒に地元のラジオに出演した。そしてカストロ革命の歴史的意味を論じ、カストロを礼賛したのである。大学は、ハチの巣をつついたような大騒ぎになった。

アメリカの大学の財政は、卒業生の遺贈、寄付に依存しているところが多い。このため、卒業生の中には、バランを解任しない限り一切、寄付には応じないという人も出てきた。大学当局は経済学部の教授会に圧力をかけてきた。私はバランを弁護し、アロー教授も支援してくれたので教授会は最終的には、全員一致でバランを擁護できた。

ただこのころから、私の周囲にＦＢＩ（連邦捜査局）とおぼしきいかがわしい人物

の影がちらつくようになった。私についていた大学院生がある日突然、家宅捜索を受け、トイレのタンクの底に麻薬を隠し持っていたという容疑で逮捕された。その学生は非常に優秀な学生で、フォード財団から特別なフェローシップをもらって中国の中央銀行を研究していた。逮捕後、大学を追われてそのまま行方不明になってしまった。

似たような事件がいくつも起きた。私はそのたびに教授会で発言し、アロー教授はいつも弁護してくれたが、当局の反発は強まるばかりだった。また、大学がある地域は保守的な土地柄だったので、しだいに居づらい雰囲気になってきた。

私は当時、資本主義の現実に極めて批判的だった。相対的に社会主義に夢を抱いていたからであった。しかし、周囲がそうした考え方を認めるとは到底思えなかった。また日本人としてアメリカの大学にいることの難しさもあって、スタンフォード大学をやめる決心を固めた。

ちょうど、シカゴ大学からの誘いがあった。尊敬していた経済学者、ロイド・メッツラー教授が脳腫瘍で倒れ、その後任の話が舞い込んだ。メッツラー教授はポール・サミュエルソンとハーバードでずっと一緒で、戦後の十数年間に、経済理論のあらゆる分野ですばらしい業績をあげた。ところが六〇年ころに脳腫瘍が見つかり、脳の三分の一を切除する大手術をした。

幸い、シカゴ大学医学部の脳外科は世界最高水準にあるので脳の三分の一を取っても障害は起きなかった。が、メッツラー教授は、学者の独創性は使っていない脳細胞がどれほどあるかによって決まると信じていた。三分の一も切除してはもうだめだと思った。それで私が呼ばれた。

シカゴ大学には、ツヴィ・グリリカスがいた。計量経済学でずば抜けた業績をあげた人物である。リトアニア生まれのユダヤ人で、私より四歳下だったが、非常に親しい間柄だった。バークレーを非常に優秀な成績で卒業し、シカゴ大学の大学院に入った。T・W・シュルツ教授の下で農業経済学を勉強し、シカゴ大学で博士号を取った。

アメリカの大学では普通、博士号を取った大学に研究者を残さない。先生の下に長くいると、自由な学問が展開できなくなるからだ。彼は例外だった。一方、私はアローー教授の下にいることにしだいに窮屈さを感じていた。

やはりユダヤ人で苦悩に満ちた少年時代を送った経験のあるアロー教授はよく若いころの話をしてくれた。しかし、私はスタンフォードを去った。教授はとても悲しんでいたと、後に家内から聞いた。

スタンフォード大学での卒業式でマーシャル（先導役）を務める（1963年ごろ）

学ぶ者たち――数理経済学の聖地に

一九六四年三月三十日、シカゴに着いて仮宿舎に入った。スタンフォード大学の同僚でマルクス経済学者のポール・バランがサンフランシスコで食事中に心臓マヒで急逝したという連絡が入っていた。バランとは一緒に講義をするなど仲が良かったので大変なショックだった。彼の死とともに、スタンフォードが遠いところへ行ってしまったような気がした。

シカゴ大学へは、スタンフォードから学生が五、六人ついてきた。シカゴでも私につく学生が多かったので、シカゴ大学は短期間のうちに、私の専門としている数理経済学の中心地になった。そこで私はその年から毎年夏、セミナーを開いた。アメリカのいろんな大学から博士論文を書いている大学院生を十人ほど二カ月間シカゴに呼び、私の研究室を開放して自由に研究をさせる。全米科学財団がその費用を出してくれることになったため、学生は大学が運営しているホテルのような生涯教育センターに滞在し、手当をもらって研究に専念できた。

毎日、夕方になると集まって学生たちとビールを飲んだ。ほどよい酔いのおかげで議論が活発になり、教科書では学べないことが勉強できる。

学生たちを呼ぶ費用は全部、「研究費」として認めてもらった。大学の先生たちにこれはと思う学生を推薦してもらった。最初の年だと思うが応募を締め切ったら、スタンフォードの教え子で当時MIT（マサチューセッツ工科大学）の助教授だった人から、自分のところにいるイタリア人の学生夫妻が参加したがっていると手紙が来た。

手紙の最後に「ヒズ・ワイフ・イズ・ビューティフル」とあったので呼ぶことにした。エヴァという名のソフィア・ローレンそっくりの美女だった。エヴァはイタリアのミラノ生まれでサミュエルソン教授のところで「法と経済」を勉強していた。お父さんはレジスタンス運動の指導者だったが、エヴァが幼いころ殺されたという。お母さんは作家で社会主義者だった。おじさんにハーシュマンというMITの教授がおり、私の知り合いだった。エヴァは優れた才能を持つ経済学者だった。

セミナーには毎年すばらしい学生が来た。やはり最初の年だったが、二〇〇一年度のノーベル経済学賞を受賞したジョセフ・スティグリッツ、ジョージ・アカロフの二人が参加した。MITの学生スティグリッツはそのころから正義感の強い青年だった。

エヴァには後日談がある。エヴァはそのときのイタリア人学生と離婚した。セミナーの仲間が尽力し、ニューハンプシャーのアカロフの別荘で二人を説得したという。その後、セミナーに来ていた中に好きな人ができた。インド人の経済学者で、MITで学位を取り、デリー大学の教授になった。ところが、彼女は彼とも別れ、デリー大学の同僚と一緒になってしまった。

それから十数年して、コロンビアのボゴタで国際計量経済学会が開かれたとき、頼まれて記念講演に行ったが、そのとき会長を務めていたのが、エヴァの三人目の夫であった。帰りの飛行機でその彼と隣り合わせた。彼は私を見るなり、「エヴァががんで亡くなった」と言った。まだ四十歳にいってなかったはずである。映画の恋多きヒロインのような人生だった。

私が日本に帰って約十年後、メッツラー教授が亡くなった。やはり病気のことで心理的に落ち込んでいたのだろう、晩年はほとんど仕事らしい仕事はできなかった。私に蔵書を全部贈るという遺書が残されたが、遺族の消息が分からず、結局そのままになってしまった。

シカゴ大学に着任したころの筆者（1964年）

学者の戦い――強い個性に火花散る、弟子を破門する厳しさも

私がシカゴ大学に移って一年後の一九六五年秋、フランク・ナイト教授の八十歳の誕生日を祝う会が経済学部の主催で盛大に開かれた。ファカルティークラブの一番大きな部屋に、ナイト教授に師事したことのある経済学者が全米から集まった。シカゴ大学を代表したミルトン・フリードマン、ジョージ・スティグラーはもちろんのこと、ポール・サミュエルソンなどの姿もあった。司会進行はスティグラーが担当した。

私の隣にはサミュエルソンが座ったが、そわそわと落ち着かない。MIT（マサチューセッツ工科大学）があるボストンから来たのだから当然あいさつの指名があると思い、何を話そうかと考えていたという。ところが指名されなかった。

結局、サミュエルソンをはじめとしてリベラル派の経済学者は一人も指名されなかった。フリードマン、ブキャナン、ウォーレスといった右派の経済学者だけが次々と

あいさつに立ち、一種異様な雰囲気になった。

会の終わりにナイト教授があいさつした。「私はこの集まりの性格について、事前に知らせてもらえなかった。『予定をあけておいてください』とだけ言われた。ただ周りの動きから、自分のために何かしているのだろうと分かった。多分、私の葬式でも用意しているのだろうと思っていたよ」

リベラル派が無視されたことに対する痛烈な皮肉だった。事実、それから一、二カ月後に、ナイト教授はわれわれを集めてこう言った。

「シカゴ大学で私に最初についた学生はフリードマンとスティグラーで、二人は私の指導で博士論文を書いた。しかし、あの二人のやっていることは最近、目にあまるものがある。今後一切、私のところで勉強したと言うことを禁ずる」

一種の破門宣言だった。ナイト教授は終戦のとき、ハイエクと新しいリベラルな立場で研究をしようとモンペルラン・ソサエティーをつくった。そうした経歴を持つ人だけに、世俗的なフリードマンたちを許せなかったのだろう。非常に厳しい人だったが、息子さんが物理学者で北海道大学の低温科学研究所にいたこともあり日本に親近感を抱いていた。被爆者の日本人女性を養女にしていた。私の家にもよく遊びに来ていた。

シカゴでは、ノーベル賞を取ったロバート・マンデルの家でロイ・ハロッドを招いてパーティーが開かれたことがある。彼はウイスキーが好きでビールを飲んでいる私と同じペースでストレートで飲んだから、たちまち出来上がってしまった。そうすると、私よりずっと小柄なハロッドが急に大きく見えた。

当時はポンドの切り下げなどで英国経済の凋落《ちょうらく》がはっきりした時期だった。私はなぜ英国経済がおかしくなったかを話し始めた。すると突然、ハロッドが「お前たちちっぽけな日本人に、大英帝国のことを語る資格はない」と怒鳴りだした。皆あぜんとなった。

フリードマンとのやりとりも印象に残っている。その一年ほど前にシカゴのレストランで開いた歓迎会でのことである。ハロッドが『ケインズ伝』を書いたときにはケインズの性癖を知らなかったのではないかとフリードマンが聞いた。

ハロッドはそのことと思想は全く関係がないとした上で、『ケインズ伝』はケインズ家から依頼された公式の伝記であり、そのことを知っていたがあえて触れなかったと言った。そして、「ミルトン、お前は本の読み方を知らない。本を読むときは行間を読め。それは二カ所ある」と言ったのである。

家族と（シカゴ、1965年）

ケンブリッジ――旧制高校に似た自由、カレッジの外で階級実感

一九六〇年代後半、アメリカをベトナム戦争の影が大きく覆っていた。反戦運動が各地で起き、大学は荒れた。私は六六年秋、ジョーン・ロビンソンら英国の経済学者との前々からの約束で一年間、ケンブリッジに行った。

ケンブリッジには当時、二十六のカレッジがあった。ケンブリッジに入学するには、この中のどこかのカレッジに入学する。入学を許された学生は自動的にケンブリッジ大学の学生になる。カレッジは全寮制で、フェローたちが運営していた。フェローはカレッジの法的な所有者であり、ケンブリッジ大学の教授、講師を兼ねている人も少なくなかった。原則としてカレッジに寝泊まりするか、近くに住んでいた。私もフェローに名を連ねた。

チャーチルカレッジには約四十人のフェローがいた。カレッジのマスター（学長）はフェローの中から選ばれ、私がいたときはジョン・コッククロフトというノーベル

物理学賞をもらった人が学長だった。すでにかなりの高齢で、マスターズ・ロッジに奥さんと二人で住み、学生の面倒を見ていた。いつもにこにこして、大変謙虚な人だった。

学長の下にバーサーがいる。学生の入学を決めるのはバーサーと並んで信望を集めていたシニア・チューターであった。カレッジ独自の基準、判断で入学者を選抜する。

フェローのシニア・チューターに対する信頼感は絶大なものがあり、入学に関する判断に異を唱える人は、一人もいなかった。その役目に就いたフェローはほとんど休む暇もなく英国中の高校を回ってカレッジにふさわしい人物を探していた。入学を希望している生徒がいると、本人はむろん家族にも会い、先生や友人から話を聞く。筆記試験はなかった。

カレッジでは一週間に四日以上、食堂でみんなと夕食を取らなければならない決まりがあった。そのとき、必ず赤、白のワインが出る。ただワインはそれぞれ一杯半までがカレッジの負担で、それ以上飲むと月末に請求書が回ってきた。このワインが各カレッジの自慢で、どんなワインを購入するかを決めるセラーズ・コミティーは最も大事な委員会であった。

もう一つの重要な委員会はハンギング・コミティーで、カレッジに掲げる絵画や彫刻を選ぶのがその役割だ。カレッジではこの二つの委員会が大事だから、フェローの中でもかなり経験豊富な人たちが委員になっていた。

カレッジではお客を呼んで、しばしばフィースト（晩餐会）が開かれた。そのときは正装のガウンを着ていかなければならない。最初にマスターが英国海軍式に「ツー・ザ・クイーン」と発声して杯をあげる。その次にメーンゲストのために杯をあげるのが通例だったが、エリザベス女王の騎士として大英帝国を守るという意識が強かった。

カレッジはリベラルな雰囲気に満ちていて、日本の旧制高校に通じるところがあった。しかし、カレッジの外に一歩出れば、英国社会の持っている階級性に直面せざるを得ない。ケンブリッジに行ける人は、若者のごく一部であろう。ちょうど私がいたころ、いろいろな改革が試みられた。労働者階級の子弟を積極的に入れようとしたこともあったが、結局失敗に終わった。ケンブリッジの学生が地元の若者になぐられる事件もよく起きた。

近代化の意義は、様々な差別をどう乗り越えていくのかというところにあると思うが、ケンブリッジのカレッジを見ていると、非常に良い面がある半面、私たちにはちょっと理解しがたいところもあった。

ロイド・メツラー教授夫妻と（右端が筆者）

モスクワで――ソ連外務官僚と応酬、サハリン抑留放置に憤り

一九六六年夏、私は後にノーベル経済学賞を受賞するレオニード・カントロビッチに彼の主宰する研究所に招かれた。しかし研究所はクレムリンの中にあるため、私のビザでは入れない。

許可が出るまでホテルで何週間も待機することになった。たまたま外務省の若い人たちと意見交換する機会があったが、思わぬ激論になってしまった。

サハリンにはまだ帰国を許されないで抑留されたままになっている日本人が少なからずいた。国際法では戦争が終わったら捕虜、あるいはそれに準ずる人は本国に帰すことになっているのになぜ、ソ連はそれを認めないのかと問いつめたのである。

外務官僚たちはああでもない、こうでもないと言い抜けようとする。最後にリーダー格の男が言った言葉が印象的だった。「After all, Japan was defeated（要するに日本は負けたんだ。つべこべ言うな)」。スターリンの評価についても絶対に非を認め

なかった。

私はまた、戦後二十年以上もたってなお、ソ連領に抑留されたままになっている日本人がいるのを放置したまま、何の抗議もしない日本の外務省に対して激しい憤りを感じざるを得なかった。

資本主義とか社会主義といった抽象的な概念で考察を進めている経済学のむなしさ、限界をつくづく感じたものである。

私はもともとソースティン・ヴェブレンの考え方にひかれていた。ヴェブレンは経済学の歴史の中で、最も卓越した業績を残した経済学者の一人である。すぐれた分析、透徹した直観、深い洞察で経済学に新しい機軸を打ち出した。その後、思想的独創性でヴェブレンを超える経済学者は出ていない。その思想を経済学的に整理したのが、ケインズであると言ってよい。

ケインズの『一般理論』の意味するところは、簡単に言ってしまうと、資本主義は非常に不安定なので政府が何かしなければ大量失業か、非常に危険なインフレを生み出す。つまり、安定的な経済成長を実現するのは非常に難しいという点にある。

それを明確にモデルで示したのがロイ・ハロッドである。『一般理論』を動学化して経済動学という分野を開拓した。そして、資本主義経済のもとで安定的な経済成長を実現するのは、ナイフの刃の上を歩くようなものだと結論づけた。

言葉をかえて言うと、ケインズは金融制度の不安定さが資本主義全体を不安定にしていると考えた。投機的な取引はあぶくのようなもので、経済全体があぶくに巻き込まれると、経済は崩壊してしまう——というのが『一般理論』の骨子なのである。また、ケインズは財政・金融政策をうまく使えば資本主義のもとでも安定的な経済成長ができるという考え方も提示した。戦後、ケインズ主義政策というとこちらを言うことが多い。サミュエルソンの加速度原理の考え方もその流れの中に位置づけられる。

それはともかく、こうした『一般理論』のエッセンスは、ヴェブレンが〇四年に発表した『営利企業の理論』の中にある。ケインズに先駆けること約三十年である。ヴェブレンの経済理論は難解とされるが、要するに、経済行動は制度的諸条件によって規定される一方、行った経済行動の結果、制度的諸条件もまた変化する。経済は進化論的視点から見なければならない。ヴェブレンの経済学がよく進化論的経済学と言われるゆえんである。

モスクワで（1966年夏）

徴兵の苦しみ——学生の大学占拠、米在住を悩む

一年間のケンブリッジ生活の後、シカゴに戻った私は状況が一変していたことを知って驚いた。私とともに大学当局と学生の調停に当たった若い助教授三人がともに解雇され、消息が分からなくなっていたのだ。彼らはテニア（在任期間の保証）を持っていなかったので再任されなかった。しかし、テニアを持っていない助教授でも当時はほぼ自動的に再任されるのが普通だったから、ベトナム反戦運動にかかわったために解雇されたとしか考えられなかった。

ベトナム反戦を掲げた学生が大学本部棟を占拠したのは、一九六六年四月だった。学生による本部棟占拠はシカゴ大学が最初で、その後全米に波及した。当時、アメリカの徴兵制は激しい反戦運動に遭って円滑に機能しなくなっていた。このため政府は大学の成績の悪い学生あるいは、反戦運動をしていることが分かった学生を優先して兵隊に取る政策をとった。

全米の大学で、学生の成績表を徴兵局に送らないよう大学当局に要求する運動が起きた。シカゴ大学でも、学生たちが要求を出したが、大学が拒否したため本部棟占拠となった。そこで私は、哲学、物理、政治の三人の助教授と調停に当たった。

われわれの調停案は、全学の教授が学生の成績をつけないというもので、曲折を経ながらも双方が調停案を受け入れた。

学生たちは本部棟の占拠を解き、私たちは中に入った。印象的だったのは、建物の中がきれいに片付いていたことである。学生たちは建物、器具を大事に扱って、毎日掃除を欠かさなかった。また、大学の職員たちもそれぞれ適当な避難場所を見つけて仕事を進め、ともに一定のルールの下に行動していた。

残念だったのは、ビジネススクールの学生である。彼らは「キャピタリズム・アンド・フリーダム」というグループを組織し、ピケを張っている学生たちにこん棒をもってなぐり込みをかけた。この組織の名前はフリードマンが書いた同名の著書『キャピタリズム・アンド・フリーダム』（資本主義と自由）から取ったという話だった。

それから二十八年後の一九九四年、私がミネソタ大学で短期間教えたときのことである。三人のうちの一人、ジョン・ドーランから突然「会いたい」という電話がかかってきた。彼はミネソタ大学で哲学の教授をしていた。大学新聞で、私がミネソタに来ていることを知り、連絡をくれたのだった。

彼が最初に言った言葉は「三十八年ぶりだね」だった。いろいろ聞いてみると、あの後、大変な辛苦を味わったことが分かった。私が大学を去った後、彼は逮捕され、裁判で重い懲役刑を言い渡された。イタリア人の奥さんは、三人の子どもを抱えて大変な苦労をしたという。彼は今、医の倫理をテーマに研究しているという話だった。私も社会的共通資本としての医療を研究していて、協力して研究をしようと約束した。

しかし、あとの二人はいまだに消息不明である。このように優れた才能を持った多くの学生や研究者がベトナム戦争の犠牲となり、将来を閉ざされてしまったのは残念と言うしかない。兵役を忌避してカナダやスウェーデンなどに逃亡した人の多くもいまだに帰国していない。

私はアメリカにいることに一種の恐怖を覚えるようになった。長男は当時はまだ小学校の一年生、二男は幼稚園児だった。しかし将来、徴兵されるに違いない。と同時に、アジアの小国が軍事大国アメリカによって侵略されているとき、自らの選択でアメリカにとどまっていてよいのかと自責の念に駆られた。

ベトナム反戦運動（ワシントン、1968年）写真提供：AP/アフロ

帰国——東大改革の作業参加

一九六八年、東大に戻ることになった。しかし大学紛争が全学的な広がりを見せ、ほとんど授業ができない。六九年に入っても学生による安田講堂の占拠が続き、入学試験が間近に迫ったことで緊張の度が高まった。

丸山眞男先生が中心になられて改革フォーラムが結成され、東大のあり方を抜本的に議論することになった。私も作業に参加することになった。

結論は東大を解体して駒場をリベラルアーツの四年制のカレッジとする。本郷は学部ないし学科ごとに独立し、それぞれ法学、経済学、医学など専門学校として専門家になるための教育をし、その教師は「教諭」と呼ぶことにする。

しかし、学内にものすごい反発が起き、結局、日の目を見なかった。特に法学部、駒場の反発が強かった。フォーラムが結成されて間もなく安田講堂に機動隊が導入され、力によって紛争が鎮圧されたことも大きく影響していた。丸山先生はほどなくして東大を辞められた。

その前年に家族を日本に〝疎開〟させていて、シカゴと日本の間をひと月に一度往復していたが、東大に帰ってからもそんな生活が二年ほど続いた。当時、シカゴへ行くときはノースウエスト航空が便利だったが、ベトナム帰りの兵隊とよく一緒になった。殺伐とした集団と一緒になると、異様な雰囲気になったのを今でも覚えている。

家内の姉のつれ合い、つまり義兄に小宮仁という人がいた。仁さんは戦争中に東大経済学部を卒業し、三菱経済研究所に入った。戦後、日本開発銀行が設立されて入り、設備投資研究所の創立にかかわり、開銀で生え抜きの理事になった。私がアメリカと日本の間を行き来すると知り、「日本にもデスクがないと困るだろう」と言って、顧問の肩書で研究所に迎えてくれた。

大学での授業がほとんどできなかったため、私は設備投資研究所でセミナーを行ったが、そのときよく議論したのが下村治さんだった。下村さんは戦前、ケインズの『一般理論』を翻訳した。当時、ケインズの考え方はマルクスに近いような目で見られていて、軍は出版されるとすぐに入手した。翻訳したのが下村さんであった。

下村さんはそうした縁で『一般理論』にかかわり、発展、動学化した。『一般理論』

は静学的で資本蓄積、技術進歩といった概念はあまり入っていなかった。それを取り入れて、投資が加速度的に効果を生み出すという有名な加速度原理を発見した。投資によって機械や生産設備をつくると産業が活発になり、労働者の所得を増やして消費を増大させる。消費が増大して商品が売れれば、企業家はさらに投資を増大させる――という理論である。サミュエルソンも同じような論文を五〇年代初めに書いたが、下村さんの論文はすぐれて実証的で政策的な面に焦点が置かれていた。池田勇人首相の所得倍増計画をつくったのは、下村さんだが、その原点は加速度原理であった。

下村さんは七〇年代になって突如、ゼロ成長を言い出す。高度成長の担い手が百八十度転換してゼロ成長を言い出したものだから多くの人は驚き、反発した。しかし私は下村さんと議論して、転換というより新しい展開だと思った。日本の将来、子どもたちの世代を考え、このままではだめだという意識を持たれたのではないだろうか。私もちょうどそのころ、自然環境、社会環境を経済理論の中にどう組み込むかという社会的共通資本の概念を考え始めていた。

開銀理事時代の下村治氏（右から２人目、1966年）

水俣病——公害問題、のめり込む

東大紛争は大きな問題だったが、経済学者の私にとってはむしろ、公害問題が気掛かりであった。中でも、水俣病は帰国して以来ずっと重大な関心事であった。初めて水俣に連れていっていただいたのは熊本大学医学部の原田正純さんであった。原田さんは水俣病患者の方から神様のようにしたわれていた。

水俣は古い歴史のある町で、水俣湾は魚がわき出すと言われたほどすぐれた漁場だった。しかし、二十世紀初め、チッソの前身である日本窒素肥料がカーバイドなどの生産を始め、第二次世界大戦のころからは塩化ビニールの生産が加わった。以来、数十年にわたって大量の水銀を含む工場排水を処理せずに流し続け、不知火海は完全に破壊された。有機水銀を原因とする水俣病の患者は数千人を超えた。刑法を専門とした東大の藤木英雄教授は水俣病患者を見て、「これが犯罪でないというなら、世の中に犯罪はない」と嘆いた。

漁場は漁民みんなでルールをつくり、維持・管理してきた「社会的共通資本」である。そのため自然を美しいままに保ち、聖なるものとして大事にしてきた。ところが、近代化の過程で破壊された。そのとき、一番被害を受けるのは中心になって社会を支えてきた人たちである。美しい自然の中で、地域が築いてきた社会が官僚や大企業によって破壊されてゆく。

水俣病がきっかけとなって私は公害問題、環境問題にのめり込んでいった。大学の仕事も家のことも放り出し、公害問題が起きていると聞けば必ず行き、しばらく滞在して現地調査する生活を送った。

下北半島の付け根にある六ヶ所村も、大きな問題を抱えていた。六ヶ所村には、新全国総合開発計画（新全総）の一環として国土庁が中心になって、巨大な工業基地をつくる計画があった。むつ小川原開発計画である。面積一万五千ヘクタールの土地に、公共投資、設備投資合わせて三兆円を投下し、人口八十万人、工場出荷額年間三兆～四兆円の巨大な工業基地をつくるという、この無謀な開発計画は、日本社会を破滅に追いやった反社会的なバブル形成のはしりであった。

が、結局、進出企業は一つもなく膨大な債務だけが残った。ゆたかな農村であった広大な土地が、荒涼とした荒れ地と化した。しかも、この開発計画によって農業を営んできた地元の人たちの人間関係、地域社会は完全に崩壊してしまった。ほぼ同じ時期に北海道の苫小牧東部開発計画も着手されたが、これも全く同じような状況である。いずれも公的資金を投入するような形になり、結局は国民の重い負担になった。

むつ小川原の開発計画が発表になった直後の一九七一年八月十六日、ニクソン大統領の新経済政策の発表を受けて、全世界の外国為替市場は直ちに閉鎖された。しかし、ひとり東京の外国為替市場のみが大蔵省当局の厳命によって八月二十七日まで十日あまりにわたって開いて、四十億ドルに上る天文学的な額に上るドル買いを続けた。当時の大蔵省の国際金融担当の責任者が、ニクソンの声明を聞くや、自分の留守中に東京の外国為替市場を決して閉鎖してはならないという厳命を残して、その日のうちにヨーロッパにたって、二週間近くも、その行方が外部の者にはわからなくなってしまったのである。

その結果、日本経済は、マネーサプライの急激な上昇によって、その安定性を失い、構造的なショックを受け、国民は多大の打撃を受けた。日本経済を壊滅させた金融バブルが形成されることになったわけである。

原田正純氏（右）と筆者（2002年）

第二の危機——新古典派論文で批判、ロビンソン氏に共感

ケインズの高弟の一人でケンブリッジ大学教授だったジョーン・ロビンソンとは共感するところが多かった。私がロビンソンの知遇を得たのは一九六一年、カリフォルニア大学バークレー校にいたときであった。

彼女はリチャード・カーンとともに、ケインズの弟子たちが結成したグループ、いわゆるケインズ・サーカスの主要メンバーの一人だった。『一般理論』は三〇年代初め、彼らが四年の歳月を費やして討議し骨組みを構築したと言ってよいが、彼女は主導的役割を果たしただけでなく、それを発展させる過程で大きな貢献をした。

ロビンソンが米国経済学会に招かれて講演をしたのは七一年十二月であった。「経済学の第二の危機」として有名になったその講演の要旨は次のようなものだった。

新古典派経済学はすでに過去のものとなり、ケインズ経済学も現実と合わなくなってきた。ケインズの有効需要政策は雇用を生み出すために政府の財政支出を増やし、

あるいは投資を増大させたが、本当に大切なのは何に使うかである。特に子どもたちの世代を考えて政府支出、民間投資は行われるべきだとした。

第一の危機を解決したのは言うまでもなくケインズだった。その約四十年後、世界の資本主義は再び大きな混乱に陥り、不均衡と不安定の時代を迎えている。世界の主要な資本主義国、特にアメリカでは、インフレーション、失業、国際収支の不均衡がらせん状に拡大し、いわゆるケインズ主義的な財政・金融政策は効力を失ってしまった――というのである。

実は私も、「新古典派経済学は終わった」というタイトルでロビンソンと同じ趣旨の論文を書いていた。それは七一年一月四日の「日本経済新聞」に掲載された。苦労してその原稿を書き上げ、担当の人に渡して子どもたちとスキーに出かけた。しかし、今まで経済学者が信じてきたことを徹底的に批判する内容だったから、ちょっと書きすぎたと思って電話で「原稿を差し止めしてもらえませんか」と聞いた。しかし、「もう、印刷に回ってしまったから無理です」と言われてあきらめた。

それは結局、自分がやってきたことを正面から批判することであったとも言える。しかし私は日本の社会環境、自然、教育、医療といった分野には大きな問題が浮上し、このままでは日本はだめになると考えていた。

特に六〇年代の終わりごろから深刻化したインフレーションは、分配は社会的公正という観点から行われると考えていた人々の幻想を無残にも打ち砕いた。そして、自分自身あるいは自分の属している集団の利益を最大化するために、既得権益を声高に主張する風潮が広まった。交渉力を通じて力による分配が政治的に強行されていくようになった。

経済学はこれら最も緊張度の高い現実の問題を回避し、現実とは全く無縁の抽象的な世界で形式論理だけを追うか、特定の産業あるいは政策的な立場を弁護する議論ばかりが横行する世界となった。経済学の第二の危機とはまさに、思想の問題であり経済学者の問題であった。

ロビンソンはしばしば日本を訪れた。来ると必ずわが家に泊まった。以前の家には古い離れがあり、ゼミの学生たちが「迎貧館」と呼んでいた。彼女はそこが気に入っていた。彼女はきれいですぐれた頭脳を持ち、威厳もあった。女王のように行動していたからフェミニストの元祖のようなところがあった。男性とは徹底的に戦うが、私の家内や娘にはやさしいおばあさんだった。

ジョーン・ロビンソン（右）と筆者夫妻

G・シュルツ――繊維交渉の陰で議論

ジョージ・シュルツから突然自宅に電話がかかってきたのは一九六九年のことだったと思う。私はそのころはまだ電話を引いていたが、番号は公開していなかった。が、シュルツは「横田に着いて、十分で番号を調べた」と言った。てっきりCIA（中央情報局）の関係で来たのかと思っていたが、日本との繊維交渉が目的だった。

シュルツはシカゴ時代、ビジネススクールの学部長をしていた労働経済学者だった。鉄鋼争議をはじめとして労働争議の調停者として名をあげ、学者というより紛争調停者として有名になった。たまたま家が隣同士で子どもも同じ年格好だったので非常に親しくなった。彼はもともと保守的だが、基本的な考え方では割合一致していたので、シカゴ大学では数少ない心許せる友人の一人だった。

十日ほどの日本滞在中、彼とは毎日のように議論した。その中でシュルツは、日本が自主的に輸出規制してくれることを期待していることが分かった。私は「それはあなたの信念に反するではないか」と問いただした。すると彼は、「これにはおれのボスの政治生命がかかっている」と最後にぽつりと言った。

私は「そういう人のところでは働かない方がいいんじゃないか」と言って別れたが、シュルツはその後、ニクソン大統領に自由貿易の理念を貫くべきだと主張した。ところが大統領はそれを無視し、日本に対して対敵取引法を適用した。この法律の対敵という部分は「エネミーズ」と複数になっている。米国が独立戦争の際、英国をはじめとしていくつかの国と戦ったときにつくられたからである。

この法律は、大統領に戦争のときと同じ権限を与える。議会の審議を経ないで新しい法律をつくることもできる。日本政府はその脅しにかかって、自主規制に踏み切った。この自主規制の犠牲になった経営者、労働者は少なくなかった。

9・11同時テロのとき、日本の駐米大使だった人が「戦後、経済的な問題が起きると、米国は必ず日本経済を救済してくれた。日本は米国から多大な恩恵を受けている」と言っていたが、実際にはそういうことは一度もない。日本経済を利用し、米国が具合が悪くなれば主義主張を変え、対敵取引法まで適用する。米国が日本をどう見ているか、この一件で明らかだろう。

その後、シュルツはウォーターゲート事件に巻き込まれる。そのときは財務長官だったが、ニクソンは自分の政治生命が危うくなったのでシュルツに政敵の査察を命じた。しかし、シュルツは断固拒否した。そのやりとりを録音したテープが後に、公表された。大統領は「ジョージのやつは、だれのおかげで偉くなったのか忘れたのか」と口汚くののしったが、テープのおかげでシュルツは救われた。

その後、彼は世界的な巨大総合建設会社ベクテルの社長になった。レーガン大統領時代には国務長官を務めたが、なかなかバランスのとれた人で、今でも親しくしている。

シュルツを紹介してくれたのはカリフォルニア大学で学長をしていたクラーク・カーだった。彼もシュルツと並ぶ労働争議の名調停者で、大学をやめた後、大学問題の専門家になり、大きな財団の理事長になった。「大学の内発的改革は、墓場が自分で動くのと同じくらい大変だ」とよく言っていた。

彼らと親しくつき合ってこられたのも、米国の大学には多様性を認める雰囲気があるためだろう。教室で教えるのは一部に過ぎず、教授と学生の間には密接な人間的、人格的つながりがある。日本でもそういう大学教育が行われるようになってほしい。

国務長官時代のシュルツ氏（1988年）写真提供：AP/アフロ

東京車社会——危険・自然破壊に衝撃、『自動車の社会的費用』を出版

一九七四年、私は『自動車の社会的費用』を書き、岩波書店から出版した。当時のベストセラーになった。この本を書いたのは、十数年間の外国暮らしの後日本に帰り、日本の都市と自然があまりにも無残に壊されているのを知って衝撃を受けたことがきっかけだった。

一番ショックだったのは、東京の赤坂見附の近辺だった。かつて赤坂見附から四谷、青山にかけては実にすばらしい場所だった。ゆったりと市電が通り、歩道は広く、桜を中心にした並木がたくさん植えられていた。府立一中（現日比谷高校）に近かったため、学校の帰り道によく歩いたものだった。当時の東京には、同じような街並みがほかにも数多くあった。

ところが、十数年ぶりで見た東京は、子どもたちが危険を覚悟しなければ歩けないような街に変わり、街路樹は見るも無残になっていた。市電はなくなって、代わりに

自動車が中心となっていた。自動車は危険なだけでなく、騒音や排ガスをまき散らしながらわがもの顔で走り回る。ショック以外のなにものでもなかった。かつての美しい東京の街をこのように徹底的に壊したのはだれだろうか。

自動車は社会的、経済的、あるいは文化的にどの程度の影響を及ぼしているのか。運輸省はその経済的費用を七〇年に自動車増加一台分につき限界的社会費用を七万円と計算した。ところがその後、自動車工業会はこれを再計測し一台当たり約七千円と修正した。また、野村総合研究所は別途、公害現象に伴う費用を考慮し、一台当たり十八万円という試算をした。このことから分かるように、立場の相違によって差があり、ある意味で恣意《しいてき》的な計算しかできないことを象徴的に表している。

また、自動車事故で失われる命は、逸失利益の算出法の一つであるホフマン方式で計算されているが、もともと人命を経済的尺度で測ることには無理があり、人命の損傷一つをとっても、本人の損失はもちろん家族、友人などの悲しみをどう評価するのかを考えると、実際には不可能に近い。

市民の基本的権利に照らし自動車の社会的費用を考えなければならない。では具体的にどうとらえるか。結論的に言えば、自動車が通行しても社会的費用を発生しない道路ならば市民の基本的権利が侵害されない。現在の欠陥の多い道路を改造して理想道路に変えるとき、どれくらい費用がかかるかを測り、それを一つの尺度にすることが考えられる。東京の場合、自動車の通行が認められている二万キロメートル（当時）の道路について、このような構造を持った道路に変えるために必要な建設費の年々の償却費は、最低限二百万円と計算できた。

アメリカやヨーロッパでは道路の果たす役割について、かなり前から転換が起きている。自動車はかつて効率的に人やモノを移動させる手段と考えられてきた。しかしハイウエー、駐車場などは非人間的なものと考えられるようになり、人間的なものにどうやって戻していくかが問題にされてきている。

例えば七〇年代初め、ロンドン市会の環境開発委員会は道路に沿った空き地に設けてある一時的駐車場八十カ所を全廃し、得られた五十エーカー（一エーカーは四十アール強）の土地を緑化し、駐車場の新規建設は原則認めない措置をとった。欧米では歩車道が分離されていない道路は原則として通行が認められていない。日本では現在に至るまで、歩車道分離の原則はほとんど守られていないだけでなく、自動車通行の便だけを考えて道路の新設、拡幅がいたるところで行われている。

『自動車の社会的費用』はベストセラーとなった

人間の心——陛下のお言葉に衝撃

私は一九八三年、文化功労者になった。文部省で行われた顕彰式の後、宮中で天皇陛下がお茶をくださるという。小さな部屋に案内され、陛下の前で今まで何をしてきたかを順番にお話しする。そのうち私の番になった。私はすっかりあがってしまい、ケインズがどうの、だれがどうしたとか自分でもわけが分からなくなってしまった。すると昭和天皇が身を乗り出され、「キミ。キミは経済、経済と言うけれども、要するに人間の心が大事だと言いたいんだね」とおっしゃった。私はそのお言葉に電撃的なショックを受け、目がさめた思いがした。

経済学はホモ・エコノミクス（経済人）を前提にしている。これは現実の文化的、歴史的、社会的な側面から切り離されて、経済的な計算にのみ基づいて行動する抽象的な存在である。経済学では人間の心を考えるのはタブーとされていた。この問題を天皇陛下はずばり指摘されたのだ。私はそのお言葉に啓発され、経済学の中に人間の心を持ち込まなければいけないと思った。

それを具体的な形で定式化したのが社会的共通資本である。ソースティン・ヴェブレンが唱えた制度主義の考え方がその原点にあると言ってよい。あるいは、ワイマール共和国の宰相を務めたゲーテの思想に源流があるとも言える。人間の生活、生存に重要なかかわりを持ち、社会を円滑に機能するために大事な役割を果たす資源、モノ、サービス、あるいは制度を共通の財産として社会的に管理していこうという考え方である。

具体的にはまず、土地、大気、海洋、河川、森林、水、土壌といった自然資源がある。二つ目は社会的インフラストラクチャーである。日本では普通、社会資本と言っているが、公共的な交通機関、上下水道、電力・ガス、道路、通信施設などがこれに該当する。三番目として教育、医療、金融、司法、行政など制度資本と言われるものがある。社会を円滑に機能させ、一人ひとりの人間的な尊厳を守るのに必要な制度で、中でも大事なのが教育と医療である。

これらの管理は社会的な基準で行われる。それぞれの分野の職業的専門家によって専門的知見に基づき、職業的規律に従って管理・運営される。

例えば、医療を考えてみよう。市民が必要とする保健・医療サービスを需要に応じて無制限に供給することはできない。病院などの医療施設や医師をはじめとする専門家は〝希少資源〟なのである。医療施設・設備をどこにどのようにつくるか、専門家を何人養成し、どこにどのように配置するかは社会的基準に従って配分されなければならない。その基準を決めるのは官僚などではなく、医療にかかわる専門家が職業的規律や倫理に照らし合わせて決めなければならない。そのためには同僚の専門家の評価を受けながら、能力、力量、人格的な資質などが常にチェックされるような制度的条件が整備される必要がある。

このような条件が満たされて初めて、国民医療費が決まる。大事なのは医療を経済に合わせるのではなく、経済を医療に合わせるのが社会的共通資本としての医療を考えるときの基本的な視点なのである。

もっとも経済学者の多くはまだ受け入れてくれない。だから、若い人に勉強をするのをあまり勧められなかった。就職口がなくなるからだが、社会的共通資本が評価され、九七年に文化勲章をいただいたのは大いに勇気づけられた。改めて、昭和天皇にお目にかかったことは大きな転機であったと思う。

文化功労者の知らせを受けた後、家族と（左から３人目が筆者、1983年）

S・ボウルズ——研究会二人で短パン

東大の経済学部長をしているとき、米国からサミュエル・ボウルズを呼んで京都で研究会を開いたことがある。一九八〇年代の初めだった。そのころ、私は東京の山手線の中は、自動車はもちろん電車にも乗らず、どこへ行くにも走った。いつもリュックに着替えを入れ、必要があればその場で着替える。

その日は夏の暑い日で、仕事を終えていつものように本郷の大学から東京駅まで走り、新幹線に飛び乗った。着替えようと思ってリュックを開けてみたら、背広もシャツも入っていない。短パンにランニングシャツでは新幹線の冷房が我慢できないので、新聞紙を体にかけて京都まで行った。

京都駅からボウルズが宿泊しているホテルまでまた走ったが、ロビーにはボウルズはじめ参加者がすでに集まっていた。ボウルズは私を見て、「日本では社会主義者はそういう格好をしているのか」と言うなり、自分の部屋に戻って私と同じような格好をして出てきた。そんな格好で三日間の研究集会に参加したが、立派な料亭で食事をしたときが一番困った。

実はそのとき、私はボウルズにすまないという気持ちでいっぱいだった。彼は初志を曲げず、自分の信念を貫いて闘い続けているのに、私は学部長という俗職にあって、自らの信念に反することばかりやっていた。

私がボウルズと出会ったのは、スタンフォードにいたときであった。後にケネディ大統領に呼ばれて対外経済援助計画の責任者になったホリス・チェネリーという教授がいた。私は彼と同じような研究をしていたのでよく共同研究をした。彼はインド、アフリカ諸国に赴く若い経済学者の多くが私のところに数日間滞在し、心の準備をするようにアレンジしていた。

そういう若い人たちは例外なくアメリカン・ウェイ・オブ・ライフを発展途上国に広めるのだという使命感に燃えていた。ところが一、二年して帰ってくると全く逆になってしまう。特にインドに行った人たちは完全にインド風の価値観を身につけて帰ってきた。そういう研究者の一人がボウルズであった。

当時、彼はハーバードの大学院生だったが、新古典派経済学の考え方に基づいたナイジェリアの教育制度改革プログラムをつくった。ところがその後インドへ行って全く価値観が変わり、ラジカル・エコノミクスに傾倒していった。

彼の父親は著名なリベラル派の総帥、チェスター・ボウルズだが、その息子と言われることに非常に悩んでいた。リベラル派の限界を感じていたからだろう。きれい事は言っているが、ベトナム戦争で米国の矛盾をさらに拡大する役目しか果たしていないのではないか。特に教育は、米国社会の矛盾、経済的格差、不平等を拡大しているという認識を持つようになった。

彼は、ハーバード・ギンタスと一緒に『スクーリング・イン・キャピタリスト・アメリカ』（アメリカ資本主義と学校教育）というすばらしい本を書く。米国の教育の歴史を丹念に調べ、なぜリベラル派の教育改革の試みが挫折したかを明らかにした。

結論は、学校教育だけを良くしても社会は良くならない。むしろ学校教育は社会の矛盾を反映し、場合によって社会矛盾を再生産する場になる。政治、経済、社会制度の基本的な矛盾を解決しなければならない。そのためには、ロング・マーチ（長征）による社会主義革命を起こさねばならないと主張する。彼の考えに全面的に賛成することはできなかったが、せめてもの思いで私はその本を翻訳した。

青梅マラソンを完走した筆者（1985年）

法王からの手紙——新たな回勅作りに参画

ローマ法王ヨハネ・パウロ二世から手紙をいただいたのは一九九〇年夏であった。法王は在任中に、そのとき世界で一番重要な問題を取り上げ、それにどう対処すればよいかということを述べた回勅を出される。全世界の司教に送られるため「同文通達」とも言う。

今から百十年前の一八九一年にレオ十三世が出した回勅は「レールム・ノヴァルム」と題された。ラテン語で「新しいこと」という意味で、カトリックの人たちは「革命」と訳している。

法王からの手紙は、「レールム・ノヴァルム」の百周年の一九九一年に新しい「レールム・ノヴァルム」を出したいので、その作成に参画してほしいという内容だった。外部の人間が回勅の作成に参画するのは、二千年の歴史でも例がないという。

レオ十三世の「レールム・ノヴァルム」には副題があり、「資本主義の弊害と社会主義の幻想」であった。レオ十三世は、英国を中心とした先進国で資本家が労働階級を搾取して、富を独占している。特に子どもたちが悲惨な生活を送っている。しかし、多くの人は社会主義になれば、貧困と社会的不公正は解決すると考えているが、それはとんでもない間違いで、社会主義になったらもっと悲惨な結果が待っている。だから人々は共同して問題解決を図るべきだと主張された。

二十世紀になって、レオ十三世の警告はまったく無視され、ロシア革命を端緒として最終的には世界人口の三分の一が社会主義化し、圧政下に置かれた。そういう世界の現状を見て、ヨハネ・パウロ二世は「新レールム・ノヴァルム」にはどのようなテーマがよいか、アドバイスしてほしいとのお話だった。

私は「社会主義の弊害と資本主義の幻想」を提案した。法王も賛同された。法王はポーランドの生まれで、ソ連の圧政に長期間苦しんだ経験がある。しかも祖国が社会主義のくびきから解き放たれたのはうれしいが、資本主義への道をあまりにも急ぎすぎているのではないかと心配されていた。

当時、ベルリンの壁はなくなっていたが、ソ連はまだ存在しヨーロッパには一種の恐怖感があった。しかし、法王は勇気をもってソ連を中心とする社会主義勢力に徹底的な批判を展開された。「新レールム・ノヴァルム」が出たのは九一年五月十五日で、その年の十二月にソ連は崩壊した。

法王は地球温暖化の問題も非常に憂慮されていた。この問題が深刻化すれば、人類始まって以来最大の危機だという認識さえお持ちだ。ほかに、宗教裁判の記録の公開、異宗派、異教徒との和解など歴史に残るすばらしい仕事をされている。

私は法王の部屋でごちそうになったことがある。そのとき私は空海の思想に傾倒していたため、その思想を法王に紹介した。その際、口が滑った。「法王は人間の魂の救済という、人間が生きるうえで一番重要な職業にかかわっていらっしゃるのだから、いろいろなことをもっとはっきりと主張すべきです」

法王は笑われて、「この部屋で私に説教したのはあなたが初めてだ」と言われた。

私の風貌がそう思わせたのかもしれないが、法王は私のことを仏教のえらい人と思われたらしい。ひげを伸ばしたのはさしたる理由があったわけではないが、南米から来たシカゴ時代の教え子たちがときどきローマ法王のところにご進講に行っていて、その中の一人から「法王はあなたのことを『ザ・ブディスト』と言っていた」と手紙がきた。

ローマ法王ヨハネ・パウロ２世と筆者（右端）

中台の指導者——李登輝氏と趙紫陽氏との論争

台湾の総統だった李登輝さんとのつき合いはアメリカにいた時代にさかのぼる。私がシカゴ大学にいた一九六〇年代半ば、李登輝さんはコーネル大学に留学し、農業経済学を勉強していた。李登輝さんの博士論文は前に紹介した、私の二部門モデルをうまく使って台湾の農業問題を論じたもので、学会で最優秀論文として表彰された。

私が二部門モデルを論文にしたのは六四年だったが、論文にする前に出したディスカッション・ペーパーが非常に評判になったので、ずいぶん多くの大学院生が博士論文を書くのに二部門モデルを利用した。そのころからの知友である。

総統の任期切れまであと一カ月ほどに迫った二〇〇〇年四月、私たち夫婦は李登輝さんから自宅に招かれた。台湾がオランダの植民地になって四百年の記念行事の一環として、「社会的共通資本と持続的成長」というテーマで私が講演することにあったが、ほかにも何か伝えたいことがあったようだった。

李登輝さんと夜遅くまで語り合った。李登輝さんは、日本の植民地時代は農村を社会的共通資本ととらえ、私の提唱する農社を実践した面があったから、日本の統治時代は植民地化されていた中では最もましだったと話した。

すばらしい人間的な魅力にあふれた方で、日本の旧制高校を出ていて、私とは波長がぴったり合った。ゲーテの『ファウスト』の文章をかなり長く暗唱されたのには驚いた。その後、李登輝さんを私の自宅にお招きするつもりで準備を進めたが、いろいろ事情があって、実現できなかった。

中国では、天安門事件で失脚した元首相の趙紫陽さんとのことが思い出される。私はかつて宝山製鉄所建設について、批判的な考え方を展開したことがある。中国が、日本との違いを無視して、日本の最新鋭の製鉄所をそのままねて宝山製鉄所をつくろうとして、無駄に莫大な資金を費消してしまった。一九八〇年代に入ったころだったか、中国社会科学院に呼ばれたとき、そんな講演をし、論文に書いた。

それを趙紫陽さんは非常に好意的に受け止めてくれた。そのようなことがあり、私は八三年、東北地方の瀋陽郊外の農村改革の実態を見学する機会にめぐまれた。そこでの農業は請負制になっていたが、耕作を請け負う人たちはすべて共産党員で、万元戸と言われる立派な家に住んでいた。耕作は農民を雇って行うが、極めて安い労賃で働かせる。農閑期にはもちろん、払わない。

しかも、請負の審査をするのが村の共産党幹部なので、請負人と完全になれ合っている。そこで私は「資本主義における搾取は市場的限界があるが、社会主義的搾取には限界がない」として、かなり刺激的な形で批判した。

あるとき、中南海の趙紫陽さんの自宅に呼ばれ、私はつい口を滑らせてしまった。「中国の五次にわたる五カ年計画はみな失敗した。しかし、党中央はつねに誤りをおかすという前提に立てば、これは失敗ではなくて、合理的に説明できる」

温厚な趙紫陽さんがさすがにキッとなった。「中国の統計センターにあるデータを全部出すから、それを使ってあなたの言うことを証明しなさい」と言われた。日本人と中国人七人ずつで委員会をつくり、三年がかりで計量経済モデルをつくった。八九年七月二十一日、北京で国際シンポジウムを開いて発表することになったが、直前に天安門事件が起きた。

中国の若い人たちと議論白熱（中央が筆者、1983年ごろ）

地球温暖化——比例的炭素税を考案

地球温暖化はおそらく二十一世紀に人類が直面する最も深刻な問題となることは間違いないであろう。私は以前からこの問題について、イタリアのヴェネツィア大学のイグナチオ・ムズ教授と共同研究してきた。ムズ教授はローマ法王に最も近い経済学者の一人で、「新レールム・ノヴァルム」作成に際して、私を推薦してくださった。

一九九一年には、ローマで地球温暖化問題をテーマとした最初の経済学者の会議が開かれた。そこにはスウェーデンから来たラルス・バーグマン教授が出席していた。バーグマン教授は、私がアメリカ時代に一緒に仕事をしていたカリヨラン・メーラー教授のお弟子さんであった。メーラー教授も地球温暖化問題を精力的に研究していた。

メーラーさんは私が提唱した最適経済成長の考え方を環境に適用して、古典的な業績をあげた。またバート・ボリンというIPCC（気候変動に関する政府間パネル）の議長を務めた人と二人で、二十世紀最大の問題は地球温暖化であるという意識をスウェーデン王立アカデミーに持たせた。

彼はまた、環境経済学研究所を設立して所長を務めている。小さな研究所だが、バイキングの子孫であることを誇りにしているカリヨランの性格通り、非常にアクティブな活動を展開している。アロー、ソローといった世界的な経済学者もときどき顔を見せる。

私は九一年以来毎年、家内ともどもスウェーデンで夏の数カ月を過ごすようになり、研究に専念することができるようになった。

その成果の一端が、比例的炭素税である。二酸化炭素の排出一トン当たりの税率を一人当たりの国民所得に比例させようというものである。しかも炭素税は分権的というか、政府が介入せず市場原理を使って処理できる利点がある。

私の本に沿って簡単に紹介しよう。一人当たりの炭素排出量は九〇年当時、米国が三・七トン、日本二・五トン、インドネシア〇・三トンであった。それまで経済学者が提案していた考え方は、一トン当たり百ドルをどの国にも一律に課税するというものであった。これだと、米国は三百七十ドル、日本二百五十ドル、インドネシア三十ドルとなる。

米国、日本の負担はそれほどではないが、インドネシアの場合は国民所得の一割近い負担になる。これでは負担が重い。そこで一トン当たりの課税額を国民所得に比例させ、所得が多い国は負担を重くする一方、少ない国は負担を軽くする。国民所得は当時、米国一万七千ドル、日本一万九千ドル、インドネシア四百ドルであったから、米国は一トン当たり百七十ドル、日本が同百九十ドル、インドネシア同四ドルを課税額とすると、インドネシアの負担は一人当たり一・二ドルとなって、経済に大きな影響を出さずに排出を規制する効果も見込める。

地球温暖化問題は従来の環境問題に比べてはるかに解決が難しい問題であり、そのためには世界の英知を結集しなければならない。国際会議もしばしば開かれるようになり、日本でも九五年に日本開発銀行が主催する国際会議が箱根で盛大に開かれた。ケネス・アロー、デール・ジョルゲンソン、バーサ・ダスグプタ、カリヨラン・メーラー、ウィリアム・ノルドハウスなど世界の主導的な経済学者が参加した。

私は今、これらをはじめとしてスウェーデンでの研究の成果を本にまとめており、『地球温暖化と経済理論』『社会的共通資本の理論』としてケンブリッジ大学出版部と岩波書店からそれぞれ英語、日本語で同時出版する。

箱根の会議に出席したアロー教授（右）と妻、浩子

都市の再生――「人間の回復」目指す

ソースティン・ヴェブレンの思想を受け継いだ人の一人に、ジェイン・ジェイコブスという都市計画の専門家がいる。知り合ったのは私が日本に帰って来る少し前で、ベトナム反戦運動を通じてだったが、彼女は一九六一年に『アメリカ大都市の死と生』という本を書いた。二十世紀前半、米国にはどこにでもすばらしい都市があったのに、なぜ魅力を失ってしまったかを足で調べ、まとめたのがこの本である。

彼女は、米国の大都市が死んだのは五〇年代から六〇年代にかけ、ル・コルビジェの「輝ける都市」に代表される近代的な都市計画理論に基づいて都市の再開発が行われたからだと結論づけた。一方で米国の都市の中にはまだ、魅力を備えた都市が数多く残っていることを発見し、それらの都市に共通する四つの特徴を掲げた。

その四つとは、①街路は狭く折れ曲がっていて、一つひとつのブロックは短い、②都市の各ブロックには住み慣れた古い建物ができるだけ多く残っているのが好ましい、

③商業地区、住居地区などのゾーニングをしてはいけない、④人口密度が低いのは好ましいことではなく、高ければそれだけ活力がある――というものだった。つまり、ジェイコブスは近代的な都市計画理論を真っ向から否定し、人間にとって住みよい街並みはいかにあるべきかを考えた。

ヨーロッパでは今、そうしたジェイコブスの思想を実践するかのような運動が広がりつつある。フランス、ドイツ、オランダ、イタリア、スペイン……。それぞれ事情も違うし、方法も違うが、目指している先は同じ「人間の回復」である。

それらは「都市と自然のルネサンス」と呼ばれている。私は日本でもそうした流れが起こせないものかと思い、研究に取り組んでいる。フランスの古い大学の街、ストラスブールは街の中心部から自動車を締め出して市電を大幅に拡充し、かつてのにぎわいを取り戻した。また、ドイツでは米国流の開発を転換し、ルール地方にあるエムシャー川のように、土手のコンクリートをはがして昔ながらの蛇行した川に戻した。

洪水はダムを築いて防ぐのではなく、川の上流や流域に豊かな森林をつくって防ぐ。つまり緑のダムである。都市は街の中から自動車を締め出し、市電とバスを中心とした公共交通機関を利用する仕組みにした。

また、オランダでは十年ほど前から、新しい堤防をつくらないことになった。建設してしまったダムも、できるだけ取り払う予定だという。そのようなことをして大丈夫かと思う人もいるかもしれないが、実は、このヒントになったのは、徳島県を流れる吉野川だった。

治水は戦国武将、加藤清正に始まると言われる。緑のダムで川の流量を制御し、しかも水を非常に有効に使った。吉野川には、善入寺島《ぜんにゅうじとう》という川中島がある。川中島とそのすぐ下流にある第十堰《せき》が大変よくなじみ、かすみ堤によって洪水を防ぐことができていた。

江戸時代、蜂須賀家が全国一の藍《あい》の栽培に成功したのは吉野川に緑のダムをつくったからだと言われ、二百五十年間、洪水は起こらなかった。しかし今、自然とうまくマッチし、災害をよく防いできた伝統的な工法を否定する土木工事が行われようとしている。

現在、国民所得の三〇％から四〇％が直接、間接に国家官僚によって左右されていると言ってよい。それが日本の住宅環境、都市環境を非常に貧しいものにしている。構造改革のメスはここに、入れられなければならない。

ストラスブールで（右が筆者、2002年２月）

子どもたちへ——全寮制学校の夢

一高のとき、初志を捨てて医学部進学を断念したことは長い間、私の心に重苦しくのしかかっていた。東大を定年になったら医者になろうと決意して、ひそかに準備していた。家族会議を開いて相談したところ、慈恵医大を出て国家試験に合格したばかりの娘が言った。

「六十歳半ばを過ぎてから医者になっても、ほんのわずかな年月しか医師として働くことはできない。医師一人を育てるのにどれだけ社会的費用がかかっているか、考えてみたことがあるの?」。私は自らの不明を恥じるとともに、娘はいい医者になるに違いないと心からうれしかった。

実は私のすぐ下の弟、充圭が私に代わって医者になってくれていた。せきつい専門の整形外科医で、慶応の医局にいたころから名医の誉れが高かった。群馬県館林市で百十九床の整形外科の専門病院と四十床のリハビリ専門の医療施設を中心に、私がかねがね理想としていた社会的共通資本としての医療を実践している。

一九九五年、私は National Academy of Science の外国人会員に選任された。経済学の分野では、アメリカ、ヨーロッパ以外からは私が最初だった。かつてのアメリカの同僚たちが集まって、医療にかかわる国際研究所をつくってくださることになり、弟の病院の付属施設として創立された。毎年一回、医療倫理や医学教育などをテーマとして国際フォーラムを開催するなど、医療にかかわる研究者の国際交流に力を注いでいる。

内科医となった娘はその後、アメリカのメイヨー・クリニックで基礎医学の研究に従事した。そこで、九州大学の整形外科医占部憲さんを知って結婚した。憲さんの父君、占部治邦先生は九州大学の付属病院長も務められた国手である。三人のご子息はみんな医者になっている。

ヒポクラテスの誓いの中に、自らの息子を医師として育てることが義務づけられている。私には二人の息子がいて、医師の道を歩むことを願ったが、長男は数学者となり、二男は生物学者となった。それぞれすぐれた業績をあげ、よき伴侶《はんりょ》を得て、いい家庭をきずいている。私自身も医師の道を歩むことはできなかったが、弟、娘、娘の伴侶が医師になって、誠実な生き方をしていることに、ヒポクラテスの誓いを守り得たような気持ちになっている。特に、かわいい孫たちに囲まれていると、人生の終わり近くになってようやく、至福の世界に入ることができたという感じを強く持つ。

私は今、前々から抱いていた全寮制の中高一貫の学校をつくるという夢を実現しようと思っている。美しい自然の中にあって、木造のしっかりした建物の学校で、食料は自給自足を原則とする。福沢諭吉やジョン・デューイのリベラリズムの理念に沿った教育を実践する。数学、国語、英語だけはどんな大学の入試問題も簡単にとけるだけの学力をつけるが、その他は、生物、物理、化学、歴史、地理、絵画、工芸、音楽、スポーツなど子どもたちが好きなテーマを選んで自由に学習する。

私はこの学校のために、数学と英語の教科書を書き始めている。数学はすでにできあがっていて、『好きになる数学入門』(全六巻)として岩波書店から刊行された。英語は『Invitation to English』というタイトルで全六巻である。完成までにあと三年は必要であるが、それまでに何とか、中高一貫の学校の夢を実現したい。

(初出　二〇〇二年三月一日～三一日付『日本経済新聞』「私の履歴書」)

京都で親類が集まって（前列右端が筆者、1996年）

第II部

人間と経済学

混迷する近代経済学の課題

1　効率性のみを追求、人間疎外に落ち込む

目的でなく手段対象に

近代経済学の置かれている立場をかえりみて、新しい方向を模索しようとするとき、わたくしは一つのエピソードを想起せざるを得ない。一九六六年、アメリカの上院外交委員会によって開かれた公聴会のことである。アメリカの対外援助政策、とくにベトナム問題について、フルブライト委員長から批判的な質問がなされたのに対して、当時、国防長官であったマクナマラ氏がつぎのように証言したのである。マクナマラ氏は、まず、ベトナム戦争で投下された爆弾の量、枯れ葉作戦によって廃地化された土地の面積、死傷した共産側の人数など、豊富な統計データを掲げて、ベトナム戦争

の経過を説明した。そして、これだけ大規模な戦争を遂行しながら、増税を行なうこともなく、インフレーションもおこさないできた。それは、国防省のマネジメントの改革などを通じて、もっとも効率的な、経済的な手段によってベトナム戦争を行なってきたからである。そのような功績をはたした自分がここで批判され、非難されるのは全く心外である、という意味の証言である。わたくしは、いまなおこのときのマクナマラ氏の自信にみちた姿をまざまざと思いだす。と同時に、マクナマラ証言によって、ことばに言いつくせない衝撃を受けたことをおぼえている。マクナマラ氏は経済学者ではないが、その主張するところはまさに近代経済学の基本的な考え方と通ずるものがあったからである。

近代経済学の方法を客観主義の立場から整理しようとしたのは、三二年に公刊されたライオネル・ロビンズの『経済学の本質と意義』である。ロビンズの立場を一言にして言えば、科学としての経済学は、与えられた目的を達成するために、さまざまな希少資源をどのように配分し、どのような手段を用いたらよいか、という問題を考察の対象とする。これに反して、どのような目的を選択すべきであるか、という問題は、もはや経済学の領域ではなく、倫理学に属する問題であると考える。したがって、経済学者は、目的の正当性について語る資格はない。どのようなものであれ、与えられた目的をもっとも効率的に、経済的に達成するには、どのような方法をとったらよいか、ということを追求しさえすればよいことになる。

ロビンズの主張は、もともとピグーの『厚生経済学』に対する批判として生まれたものである。ピグーは単に効率性だけでなく、公正、平等性についても経済学者は考慮しなければならないと考え、国民経済的な厚生は、国民所得額だけでなく、その分配にも依存するとした。とくに、彼の第二命題すなわち、貧しい人々に帰属する分配分が大きければ大きいほど、経済厚生は高まると考えたのである。

しかし、ピグーの理論は重要な前提の下ではじめて成立するものであった。それは、効用の個人間の比較可能性である。ある個人がさまざまな消費活動を通じてどれだけ実質的満足感をうることができるか、つまり効用を尺度化することができるだけではない。異なる個人間についても、ある共通の尺度によって、それぞれの享受する効用をはかり、比較することができるというのである。そして、このような個々人の効用を国民経済の全構成員について加え合わせたものによって社会的経済厚生があらわされるとするのである。

幅を利かす数理経済学

しかし、このようなベンサム的な可測効用は、経験的に実証することのできないものである。各個人についても、ある状態が他の状態より望ましいか否かという判断しか検証することができない。まして、異なる個人間の効用を比較する絶対的な尺度を想定することはできない。したがって、各個人の効用を加え合わせるという操作自体は、なんらかの価値基準を前提としたものとなってくる。つまり、公正性、あるいは平等性といった概念はかならず何らかの価値基準を前提としたものとなって、ロビンズの言う意味での経済学の対象とはなり得ないということである。

ロビンズの貢献は、「価値判断から自由な経済学」を指向してきた限界革命以来の近代経済学の基本的性格を再確認したもので、その後の経済学の発展に大きな影響を与えるものである。

とくに、第二次大戦後、経済学研究の中心が、イギリスからアメリカに移るに及んで、ロビンズ的な考え方は、さらに一般的な、支配的なものとなってきた。たとえば、一九四七年に出版されたサミュエルソン教授の『経済分析の基礎』は、このような立場から経済学を数学的に構成しようとするものである。この数理経済学的な手法は、五二年の一般均衡理論に関するアロー＝デブリュー論文を頂点として、戦後の経済学を特徴づけるものとなってきた。

現実の経済から遊離

このように、形式論理による演算に重点がおかれ、現実の経済循環構造との対応を問題とするより、論理的無矛盾性をまず検討する、という方向に傾斜していることは否めない事実である。とくに、この傾向は、非現実的な数学モデルの簇生《ぞくせい》にみられるように、一九五〇年代から六〇年代にかけて顕著なかたちであらわれている。

平等、公正といった社会的、人間的な含意をもつ概念は無視され、効率という経済的なもののみが、形式論理のわく組みの中で論じられてきた。マクナマラ証言の示すように、人命殺りくのみを目的とする新型爆弾による無差別的な北爆、化学兵器による枯れ葉作戦、ソンミ事件にみられるような非戦闘員の大量殺りくなど非人道的な戦争に関してなんら人間的苦悩を感じないかのように、もっとも効率的に遂行することにのみ専心する。これは、人間疎外の経済学の必然的な帰結でもある。

このエピソードが示すように、ロビンズの立場は実は一つの価値観にもとづいているのである。つまり、効率性をのみ追求し、公正、平等性を無視するということ自体、一つの価値観のあらわれなのである。効率性は形式論理的な演算を施すことが可能であるが、公正、平等性については不可能である。したがって、このような点に考慮をはらう必要がないというのは一つの価値観にすぎないのである。ホッブスやホートレイの主張したように、経済学は必然的に倫理学と関連せざるを得ないのである。近代経済学の現在の混迷は、効率性のみを中心として形式論理的演算に終始して、経済学のもう一つの重要な側面である公正、正義、平等についての関心を全く無視してしまったことに起因しているといってもよいであろう。

変わる市場機構の評価

単に効率性だけからでなく、公正、平等性という点からも考慮するとすれば、市場機構、私有財産側に対する評価も異なったものとなってきたであろう。ロビンズ、ハイエクなどの指摘するように、資本主義的な経済体制は、希少資源の効率的な配分という観点から望ましいものであるといえよう。というのは、一方では、自由市場は、効率的な資源配分のために必要な情報を供給するような機構をもっている。他方では、生産手段の私有制によって、希少資源が最大の利益を生みだすところに配分されるような分権的な動機の存在が保証されるからである。

2 「市場機構」には限界、社会資本すべて「政府」に

所得分配の不平等を生む

このような資本主義的な制度が所得分配の不平等化を生みだし、公正、平等という観点から好ましくない効果をもつことについては周知のことであるからふれる必要はないであろう。かわりに、多少異なった観点から問題点を指摘することにしよう。

それは、生産手段の私有制にかんする限界についてである。生産手段を私有化することによって、各個人が私的な利益を追求する結果、希少資源の配分がもっとも効率的に行なわれることになるというのが私有制の根拠であった。そのためには、生産過程で制約的となるような生産手段についてすべて私有を認めることが必要となってくる。しかし、希少資源のうち、私有制が技術的に不可能か、あるいは高い費用のかかるものが少なくない。大気、水などの自然資本、また道路、下水道などの社会資本な

ど、いわゆる社会共通資本がそれである。

社会資本の機構が問題

しかも、このような社会共通資本の多くは、個々の消費者にも直接影響を与えるものである。したがって、社会共通資本の管理、建設をどのような機構を通じて行なったらよいか、ということが問題となってくる。また、いわゆる公害現象の多くはこのような社会共通資本が生産、消費活動によって減耗、破壊されてゆくものであると考えられる。そこで、公害防止あるいは社会共通資本の破壊防止のために、どのような制度を考えたらよいかということも関連してくるのである。

この問題は市場機構を通じては解決できないことは、ピグー以来厚生経済学の指摘するところである。社会共通資本の多くは、道路のように、その使用度が高まれば混雑現象を呈してくる。したがって、効率性という点からも、市場機構は望ましくない結果を生みだす。さらに、どれだけ社会共通資本を使うか、個々の構成員によって異なっているのであって、一般に平等性という点からも所得分配に好ましくない効果をもつものである。

受けた利益の還元が必要

そこで、この問題を解決するためには、各個人が社会共通資本の使用を通じて社会とかかわる点について検討を加えてみる必要がある。各個人は、生産、消費を問わず、その経済活動を行なうために、さまざまな社会共通資本を使用しなければならない。道路、下水道などという身近なものから、教育、司法制度などにいたるまで、その種類は多様であり、その利益ははかり知れないものがある。もし、各個人が社会との関係で平等な扱いをうけるとすれば、各個人は、このような社会共通資本から享受する利益に見合う額だけ社会に還元する必要がある。

このサービスをどのように評価するかは、たんに社会共通資本のストックと経済活動水準とに依存するだけでなく、そのときの所得分配にも関係するものになってくる。もちろん、これは市場機構を通じて評価される性質のものではなく、政府によって全体的な観点からの評価が試みられなければならない。

さらに社会共通資本の破壊については、現在から将来にかけて失われたであろうサービスの評価の割引現在価値が使われることになる。このような評価については、たんに現在の構成員にかんしてだけでなく、将来の構成員についても考慮に入れなければばならないという新しい困難が生じてくるのはいうまでもない。

結局、社会共通資本の評価は、「政府」の手にゆだねられることになる。「政府」はさらにこのような資本の建設を担当し、管理するという役割を果たすのは当然である。したがって、公害防止のためには、社会資本税あるいは公害税といったかたちでの課税制度が直接規制と並行して行なわれることが、効率、公正どちらの見地からも望ましいことになるのである。

社会保障制度も充実へ

「政府」はさらに社会共通資本の管理と並んで、もう一つ重要な役割をはたす必要がある。それは、所得分配の不平等性を是正するための社会保障制度の運営である。不平等な所得分配の発生する原因としては、大きく二種類にわけられる。一つは、労働時間、努力など自由な意思にもとづいて選好を行なった結果生ずるものである。他の一つは、先天的な要因にもとづくか、制度的、あるいは確率的な原因によって生ずるものである。

ここで問題となるのは、後者の原因による不平等な所得分配である。天災、交通事故、病気などによって発生する実質所得の低下は、おおむねこの種のものである。このような被害は、ある意味で社会的であるということができる。したがって、公正、平等という観点から、被害が生じなかったときに享受したであろう実質生活水準を基準にして、補償がなされる必要が生じてくる。

3 避けられぬ倫理的規範、経済分析への組み込みは困難だが

ロビンズ以来の近代経済学は、公正、平等などという価値観を含むような概念を排除して、経済的効率性をその中心的なものとしてきた。このことによって、たしかにその理論的発展を促進した面はあったといえよう。しかし、このような立場は、一見没価値であるように見えながら、じつは、一つの価値を前提としているものである。つまり、公正、平等性などという倫理的な規範を捨象して、経済的効率性のみを追求するという意味で、一つの価値選択を行なっているのである。したがって、そこに求められた結論もまた中立的なものではなくなる。

ところが、このような公正、平等性という概念を経済学で操作可能なものとするこ

とは容易でない。ロビンズが効率性のみを考えたのも、じつはこの点に留意したからでもある。とくに、市場経済においては、市場価格を通じて効率性に対する評価が可能となってくるが、分配の平等、公正というような評価を行なうことができない。国民総生産（GNP）などという市場価格にもとづいた概念によって効率性に対する評価を行なうことができるだけである。

近代経済学の当面するもっとも大きな課題の一つは、公平、平等という概念をどのように定式化し経済分析のなかにおりこむことができるか、ということであろう。そこで、公正、平等という概念を、各個人と社会との関係について考えたときにどのような定式化ができるか、という問題をここで略述してみたのである。とくに、各個人が社会共通資本の使用に関して、公正、平等な取り扱いをうけるということがどのような意味をもっているか、を考察してみた。

（初出　一九七一年一月四日付『日本経済新聞』「経済教室」）

拡大する新たな不均衡——短期的危機回避も限界

ヴェブレンの予見的な分析

一九三三年三月四日、フランクリン・ルーズベルトが大統領に就任したときには、全国の各州で銀行は休業状態にあり、街には千三百万人に近い失業者があふれていた。各地で暴動の気配すらみられ、一九三二年から三三年にかけて自殺率は一〇万人中一七・四人という異常な率にまで高まっていた（正常時には一〇―一一人である）。そして、ルーズベルト政権のカミングス司法長官の示唆によって、「対敵取引法」にもとづく緊急法案が次々に作成され、ニューディール政策が始まることになる。

この「対敵取引法」の援用は、ルーズベルト大統領が大恐慌についてどのような理解をもっていたのかということをもっとも端的にあらわすものである。

大恐慌がもたらした社会的、経済的打撃は大きく、単なる景気循環の一局面にかかわる現象ではなく、資本主義の存続そのものが問われ、分権的市場経済制度が危機にひんしていた。アメリカ資本主義体制に対する戦いが挑まれていたのであったが、普通の戦争と異なって、〝敵〟は外部にあるのではなく、体制そのものであり、はるかに困難な戦いであった。

大恐慌がどのような過程を経て起きていったのか、という問題については、枚挙にいとまのないほどの研究がなされてきた。これらの研究を通じて、浮き彫りにされてきた大恐慌生成の過程は、一九二〇年代に入ってからますます鮮明な形を取ってきたアメリカ資本主義の制度的特徴に直接関わるものであった。それは、一九〇四年に出版された『営利企業の理論』のなかで、ソースティン・ヴェブレンが展開した、アメリカ資本主義の発展に関する予見的な分析がそのまま適用されたものでもあった。

近代的技術を体化した機械による生産過程が支配的な役割を果たすようになるとともに、労働の社会的分業がより固定的な形を取るようになって、生産を担当する企業が一つの実体的な組織として資源配分のプロセスにおいて決定的な役割を果たすようになってくる。しかもその方向が基本的には、利潤追求を目的とした企業経営者たちによって支配されてゆく。

株式市場形成で矛盾深まる

産業（インダストリー）と営利（ビジネス）、あるいは生産と利潤との乖離《かい》が生み出す緊張感がアメリカ社会の性格を特徴づけてゆき、価格体系を中心として機能している社会は、生産設備と労働者との不完全雇用という状態が常に起こらざるを得ないと主張したのであった。この傾向は、企業資産市場が発達し、市場経済において中枢的な機能を果たすようになって行くにつれていっそう拡大化され、加速化される。

生産過程を管理する企業の株式とその企業が発行する負債とが、きわめて高い流動性を付与されて、金融資産として自由に売買されるような市場制度の形成は、現代資本主義のもっともきわ立った特徴であるが、生産と利潤とのヴェブレン的な矛盾はますます深刻にならざるを得なかった。この現象は、アメリカ経済の一九二〇年代における繁栄の過程を通じて、ますます顕著なものとなっていった。とくに、投機的性格をもつ経済的取引が、アメリカ経済において次第にその影響力を拡大していって、「暗黒の木曜日」に、そのクライマックスに到達したのである。

このような投機的現象としてよく例に出されるのが、フロリダの土地投機である。フロリダの海岸に別荘地を求めるという流行が、土地価格の値上がりを生み、人々はキャピタル・ゲインのみを求めて、土地を売買し、やがて土地価格の異常な上昇を誘発していった。ところがこれらの土地の大半が、満潮時には海面下に没するということがわかって、土地価格の大暴落を招来したのが二六年であった。

その後、大恐慌に至るまで、このような現象は少なからずみられたのであったが、いずれも、生産面からみた実質的な価値と、投機的な動機に起因する市場価格との乖離が不安定的に増大するという、アメリカ資本主義に内在する性向に起因するものであったといってよい。

一九二九年から三三年までアメリカの経済政策は、フーバー大統領のもとで、古典的な考え方にしたがって展開されていった。大不況の最中、一九三二年六月に増税が行われたことが、このことをもっとも端的に示す。さきに引用したヴェブレンの言葉を読んで読者はただちにケインズを連想されるであろうが、二〇年代のアメリカにおいてもヴェブレンは異端であって、アーヴィング・フィッシャーによって代表される正統派経済学の考え方が、学界においてもまた政策決定の場においても支配的であった。

ヴェブレンは、『営利企業の理論』で、現代資本主義の制度的特徴を浮き彫りにし、慢性的不況が必然的な帰結であることを示したが、さらに、二一年に出版された『技術者と価格体制』で、市場制度を廃止して、技術者から構成されるソビエトが直接希少資源の配分を行うような計画経済のもとではじめて、この問題が解決されることを主張した。

新古典派的な正統派の経済理論と、ヴェブレンの後継者である制度学派との間に存在した対立は、そのまま一九二〇年代のアメリカ社会を反映したものであったが、ニューディール政策は、このいずれの処方箋にもないものであった。それは、資本主義的な経済制度を維持しながら、反社会的、非生産的な経済活動を抑制し、他方では、生活基盤を公共的な形で整備し積極的に公共資本形成を行なおうとするものであった。とくに、金融市場における投機的行動をどのようにして抑制するかという点にニューディール政策の焦点が置かれた。このことは、世界の資本主義のその後の展開に重要な意味をもつものであった。

防衛策としての『一般理論』

現代資本主義の制度的特徴を明示的に理論化し、慢性的不況の状況を分析し、完全雇用を実現するためにどのような財政・金融政策を取るべきかということを明確にしたのは、言うまでもなくケインズの『一般理論』である。『一般理論』が出版されたのは一九三六年であったが、そこでは、ニューディール政策の経験が、よりいっそう普遍的な立場から解明され、資本主義的な経済制度のもとで、いかにして社会的融和を保ち得るかという問題に対して解決が与えられた。

また、社会的、経済的諸条件の変化をどのようにして解明し、新古典派的思考の誤《ご》謬《びゅう》から自由な理論的わく組みをどのようにして構築するかということが示されていた。その問題意識と分析方法の卓抜さは、「ケインズ革命」という言葉にふさわしいものであった。『一般理論』の分析方法は第二次大戦後の経済学の発展の方向を規定していっただけでなく、多くの国における経済政策の基礎的なわく組みを提供することになった。いわゆるケインズ主義といわれる考え方である。

しかし、『一般理論』が考察の対象としたのは大恐慌ないしはそれに準ずるような状況であったが、戦後には、経済成長を目標として、ケインズ的な政策が積極的に展開されることになった。対外経済、軍事援助、国内における公共投資、福祉的プログラムの拡大を通じて、高い経済成長率を実現するということに重点が置かれるとともに、私的な経済活動の規制、景気安定化のための微調整（ファイン・チューニング）

が展開されることになった。

ケインズ主義は当初の防衛的な意味を超えて、より積極的に資本主義の発展をはかるという形に使われるようになっていった。この傾向は単にアメリカだけでなく、他の資本主義諸国についても多かれ少なかれ共通してみられる現象であった。

このような考え方の前提をなしている理論的枠組みもまた、『一般理論』とはかなり異なった性格をもつようになってきた。『一般理論』が対象としていたのは、大恐慌に典型的にみられるような、市場不均衡過程であったが、戦後のいわゆるケインズ理論は、ジョン・ヒックスによるIS・LM分析という均衡分析の枠組みのなかに閉じ込められたものであって、現実の不均衡過程を的確に記述し、分析できるようなものではなかった。

一九六〇年代半ばごろまでの世界の資本主義は、このような均衡分析が適用され得るような平衡状態にあったと考えてもよいが、一九六〇年代の終わりごろから、失業とインフレーションの共存、国際収支の慢性的赤字などという不均衡現象が顕著になるにつれて、ケインズ経済学の現実的妥当性とケインズ政策の効果の有効性とに対して、懐疑と批判が生じてきたのも当然のことといえよう。

新保守主義に危険な兆候

　ケインズ主義といわれる考え方には根本的な問題点があって、一九七〇年代の不均衡過程が及ぼす社会的影響をよりいっそう深刻なものとしていった。それは、財政支出が総需要、労働雇用量に及ぼす効果のみを重視して、具体的にどのような内容をもち、それが、現在から将来にかけての生産条件および社会的環境に対してどのような影響を及ぼすのかという点についてはほとんど考慮してこなかったということであって、産業の私的利害という観点から社会的な資本形成と財政支出の性格とが規定されることになっていった。

　不況対策の名を借りて、土木・建設産業や自動車産業の便益をはかるためにぼう大な公共的資源が自動車道路建設に投下されてきたのはこの典型的な例である。他方、財政支出の規模自体も、予算均衡の原則を貫くというよりは、有効需要のファイン・チューニングという機能を重要視したあまり、政府負債の長期的蓄積の趨勢に対して有効な歯止めを形成することができなくなってきた。

　このような批判はともあれ、ケインズ経済学あるいはその亜流は、第二次世界大戦後の世界資本主義の現状分析にある程度有効な役割を果たし、戦後の経済成長と安定化に貢献してきたといってよいように思われる。しかし、戦後資本主義の成長過程は逆に、資本主義諸国間の格差を増大していっただけでなく、各資本主義国内の矛盾もまた拡大化する誘因ともなっていった。

一九七〇年代に入ってからの世界経済の不均衡は、五十年前の大恐慌時にも匹敵する大きさと深さとをもっているが、大恐慌の教訓を通じて学んだ資本主義的メカニズムの調整とマクロ経済のケインズ主義的な運営によって、少なくとも短期的にはカタストロフィを回避しつつあるように思われる。

しかし、最近いわゆるマネタリズムという新保守主義の衣を装った古典派的立場が徐々にその勢力を拡大しつつあって、私的利潤追求をさらにいっそう正確に押し出し、資本主義的な制度に対するさまざまな規制を取り除いて、再び大恐慌が起き得るような条件をつくり出そうとしている。これは、経済学内部のアカデミックな議論に限定されるものではなく、現在大きく変動しつつある資本主義制度の根本にかかわる問題でもあるように思われる。

（初出　一九七九年一〇月二三日付『日本経済新聞』「経済教室」）

現実から遊離した新古典派——偏向した命題を導く

第二次大戦後効果を表す

「ケインズの時代」と言うとき、一九三〇年代の初めごろから一九六〇年代の終わりごろまでの三、四十年間の期間を指す。一九三〇年代初頭は言うまでもなく、アメリカ、イギリスをはじめとして世界のすべての資本主義諸国を巻き込んだ大不況の最中である。ケインズの『一般理論』は現代資本主義の制度的条件に、このような大不況を生み出すメカニズムが内在していることを明らかにし、景気回復のための経済政策の特徴を明示しようとしたものであった。一九三三年に始まったアメリカ合衆国のルーズベルト政権によるニューディール政策には、のちにケインズ主義と呼ばれるようになった政策綱領の基本的な性格が浮き彫りにされている。しかし当時のアメリカ経済の不況的条件は深刻さを極め、ケインズ主義的な経済政策も必ずしも短期的な効果をもたらさなかった。やがて第二次世界大戦の勃発とともに、先進工業諸国は戦時的経済体制に転換し、このような平和時における経済的諸問題は霧散してしまった。

今日われわれの言うケインズ主義的な経済政策がもっともその効果を明らかにあらわしたのは、むしろ第二次世界大戦後、主要な資本主義諸国の経済成長の過程においてであったと言ってもよいであろう。もちろんこれらの国々で経済政策の策定過程においてケインズ主義的な考え方が明示的、意識的にとられたことを意味しない。現実にとられた経済政策を振り返ってその効果をみたときに、ケインズ経済学の枠組みのなかで説明できると言った方がよいであろう。ケインズ主義的な政策論理が政策当局によって意識的にとられるようになったのはむしろ六〇年代に入ってからである。

第二次世界大戦後から一九六〇年代の半ばごろまで、世界の資本主義諸国は一般に高原的繁栄と言ってもよいような、長期的に安定した持続的経済成長を経験してきた。この期間を通じて、各国の政府は意識的か否かを問わず、総需要の安定的な管理を重要な政策目標とし、そのために必要な財政・金融政策をとるとともに、他方で多くの国々では積極的な公共投資政策を展開して安定的な経済成長を目指したのであった。

マクロ理論が基本枠組み

しかし一九六〇年代の後半に入ってからは、資本主義諸国間に存在する格差が不安定的に拡大する傾向がみられ出すとともに、アメリカ、イギリスなど主導的な資本主義経済自体に強い不均衡条件が発生し、世界資本主義は一般的危機とも言うべき状況に入っていった。

「ケインズ経済学の破綻」とか「ケインズ時代の終焉」という表現を使うとき、当然、ケインズ経済学の基本的性格についての共通的理解が存在しているということを前提としなければならない。ケインズ経済学は言うまでもなく、『一般理論』のなかで展開されたマクロ経済理論の考え方を、その基本的枠組みとするものである。しかし、周知のように『一般理論』は経済学の古典のなかでももっとも難解な書物の一つであり、その全体像をとらえることは容易ではない。

『一般理論』は現代資本主義経済の制度的諸条件を整合的なマクロ経済の理論モデルとして定式化し、そこにおける経済循環のメカニズムを解明し、マクロ経済的な諸変量、なかんずく雇用量、国民所得水準がどのようにして決定されるかということを明らかにしようとしたものである。ケインズはそこで企業の実体、その行動様式に議論の焦点を当て、とくに投資がどのような要因によって決まってくるかという点に現代資本主義の制度的特質がもっとも顕著にあらわれていると考えた。ケインズ的な企業概念は、もともと一九〇四年に刊行されたソースティン・ヴェブレンの『営利企業の理論』に展開された概念を敷衍《ふえん》したものである。ヴェブレンは機械過程を軸とする生産様式が必然的に各生産主体の固定化、実体化をもたらし、全生産主体の相互関係を高め、経済体系の有機体化を促進すると主張した。

そして生産過程における産業営利の乖《かい》離をもたらすと同時に、企業における所有と経営の分離を必然的なものとする。生産過程の固定性は企業制度の実体化をもたらすだけでなく、投資における私的最適性と社会的最適性との乖離を誘発し、したがって現存するさまざまな希少資源の有効な利用を阻害し、労働の完全雇用はもはや一般的な状況ではなく、きわめて偶然的な場合にしか実現できなくなる。

ヴェブレンの企業理論はケインズによってより一般的な形で展開され、マクロ経済理論の中核に位置づけられることになった。ケインズ理論のもう一つの特徴として挙げなければならないのは、労働雇用に関する理解である。資本主義経済における雇用形態は大部分、企業などによる雇用であることは言うまでもないが、そこで主体的役割を演ずるのは雇用者であって、労働者ではないということである。労働者が現行賃金の下で働きたいという意思をもっていたとしても、雇用者が雇用しなければ働くことができない。経済全体でみれば、総需要額が総供給額を下回るときには、働く意思をもちながら働くことのできない労働者、いわゆる非自発的失業の存在が必然となる。

新古典派の理論では、この自明のことが否定され、各個人は自らの主観的価値基準の下で最も望ましいと考える労働供給時間を選択し、その時間だけ働くことができると仮定する。最近流行している供給サイドの経済学というのは、じつはこの仮定から出発して議論を展開しているのであるが、所与の賃金率の下で労働者が自ら選択した労働時間だけ働くことができるという条件が、資本主義制度の下で一般に現実的対応をもたないということは、ここで改めて言及するまでもないであろう。

アメリカ・ケインジアンの死角

周知のように、『一般理論』の理論的な梗概《こうがい》を表したのはジョン・ヒックスのIS・LM分析である。これは一九三七年、『一般理論』に対する書評論文で展開されたものであるが、単純かつ明解な理論モデルを使って、『一般理論』のエッセンスと思われる面を浮き彫りにしたものであった。ヒックスのIS・LM分析はその後、ポール・サミュエルソンを中心としたアメリカの経済学者たちの手によって、マクロ経済学の構築にさいしての基本的な概念として精緻《せいち》化されていった。いわゆるアメリカ・ケインジアンと呼ばれる学派を形成し、戦後の世界における経済学研究で中心的な役割を果たしていった。正確に言うと、アメリカ・ケインジアンはヒックスのIS・LM分析という理論的な枠組みを基軸として、それを計量的に把握する計量経済学的な分析を適用する。いくつかの構造方程式の体系によって特徴づけられるマクロ経済モデルについて、その構造パラメータを統計的に推計するのは、シカゴ大学のコールズ・コミッションの研究者たちによって完成され、ローレンス・クラインによって実際にアメリカ経済の構造を推計するという作業が行なわれた。この計量経済モデルの作成は、その後世界の多くの国々で行なわれるようになったが、戦後における経済学の発展のなかでもっとも重要な意味をもつものの一つである。

アメリカ・ケインジアンの経済学は、IS・LM分析を経とし、計量経済モデルを緯として展開されたが、たんに経済理論の面だけでなく、現実の政策決定のプロセスに対してもその及ぼした影響は大きかった。しかしアメリカ・ケインジアンの考え方には二つの点で重要な制約条件が置かれていた。第一の点は、その理論的な柱であるヒックスのIS・LM分析にかかわるものである。すなわちIS・LM分析が基本的には均衡分析の枠組みのなかで定式化されていて、ケインズが『一般理論』で分析しようとした恐慌生成の過程、労働市場だけでなく、すべての財・サービス市場における需給の不一致などという動学的不均衡過程を取り扱うことができないという点に、アメリカ・ケインジアンの理論的枠組みの根本的な制約条件が存在する。

第二の点は、統計的推計の方法に関するものである。すなわち計量経済モデルの構造パラメータの推計にさいして、主として統計的計算の可能性という観点から、極端に単純化された仮定を設けて、統計的推計を行なっているが、この仮定は往々にしてきわめてミスリーディングな結果を生み出すことになる。これらの二つの問題点は、分析対象とする経済体系が均衡状態にあるか、あるいはそれに近いような状態にあるときにはおおむね無視してもよい。しかし経済体系が均衡から乖離して、しかも市場における調整過程が必ずしも安定的でないようなときには、アメリカ・ケインジアンの考え方は、理論的にも、計量的にも大きな誤差を生み出し、その政策的インプリケーションもまたきわめて望ましくない結果を誘発することになりかねない。アメリカ経済の場合、一九六〇年代の後半に入ってから、その不均衡度が加速度的に高まり、これらの問題点をもはや無視し得なくなっていった。七〇年代に入ると、この傾向にいっそう拍車がかけられ、アメリカ・ケインジアン、さらにケインズ経済学について も、その理論的整合性と現実的妥当性とに対して、重大な疑義が提起されることになり、その政策的有効性に対する信頼感はとみに喪失していった。

合理的期待形成仮説を軸に

このような状況の下で、アメリカ・ケインジアンの考え方に真っ正面から批判的活動を展開していったのが、いわゆるマネタリズムの立場に立つ人々であった。マネタリズムというのは、厳密に定式化された理論枠組みをもつものではなく、貨幣量の変化が経済循環の過程に及ぼす影響を一般的な形で分析しようとする。しかし、その基本的な考え方は一九三〇年代の大不況期にほぼ完全に葬り去られた新古典派の経済理論に準拠するものであると言ってよい。とくに経済循環について、貨幣面と実物面との二分法を前提とし、労働雇用に関する労働者の雇用決定性を仮定する。したがって非自発的失業は厳密な意味では存在せず、すべて貨幣供給政策の変動にともなって発生する過渡的なものでしかないと主張する。

マネタリズムの背後にある新古典派理論は一九七〇年代に入って、さらにいっそう極端な形をとるようになっていった。そこで中心的な役割を果たしたのが、「合理的期待形成仮説」である。この仮説は人々がある経済行動をとるとき、将来の均衡市場価格について、その客観的確率分布を正確に予想して、現在時点における期待価格が将来の市場価格の確率的平均値に一致するように期待を形成するというものである。このような期待形成が可能となるためには、個別的な経済主体がそれぞれ均衡状態における市場価格形成の構造的諸要因を正確に知っていなければならない。要するに需要関数と供給関数について、どのような変数が要因となっているかということだけでなく、具体的にそれらの形を正確に知っているということを意味する。もし仮に個別的な経済主体が、このような知識をもっていたとすれば——これはもちろん不可能なことであるが——それは市場制度の基本的要件である分権性を否定するものであり、そもそも市場制度の存在は必要なくなってしまう。

このような極端な前提の上に立っている「合理的期待形成仮説」は当然のことながら、理論的にも、政策的にも極端な結論を導き出すことになる。その多くは、これまでマネタリストたちが主張してきた政策的命題を正当化し、イデオロギー的偏向をさらに強めるという役割を演じてきた。もともと資本主義的な経済制度の下における経済循環のプロセスを分析しようという近代経済学本来の立場からは大きく逸脱した考え方である。しかし「合理的期待形成仮説」は、一九七〇年代を通じてアメリカの主要な大学における経済学研究のあり方に決定的な影響を及ぼすようになり、この仮説にふれないで博士論文を作成するというのはほとんど不可能に近いというような状況になってきているという。アメリカ社会の病理的現象が大学における経済学研究のあり方を大きくゆがめつつあることの証左である。

根強い米国経済の病根露呈

「合理的期待形成仮説」とならんで新古典理論の復活の一つの形態として、「供給サイドの経済学」もまた最近、とくに政策的な次元で脚光を浴び始めた。この考え方はさきに述べたように、各労働者が労働供給量を自主的、合理的に決定し、その集計量として総雇用水準が決まってくるという前提を基礎に置いたものである。たとえば平均税率の引き下げが税収の増加をもたらすという、ラッファーの定理は「供給サイドの経済学」の典型的な命題であるが、理論の次元でも、実証的分析の次元でも、粗雑きわまりないこのような「定理」が一般に容認され、しかもロス＝ケンプ法案の理論的根拠となっているというような信じ難い現象もまた現在アメリカでは起きつつある。「合理的期待形成仮説」も「供給サイドの経済学」もともに、現実の経済におけるさまざまな制度的、時間的制約条件を無視して、新古典派経済理論を極端に抽象して、論理的演算と統計的推計を行なって、ある特定の政治的イデオロギーにとって望ましいような政策的命題を導き出す。そして、ケインズ経済学に代わって、新しい経済理論を構築しつつあるような印象を一般に与えている。しかし、どちらも理論的整合性と現実的妥当性という点から、ケインズ経済学に代替し得るものではなく、新しい経済学のパラダイムが形成されるまでの鬼火現象に過ぎない。このような考え方が、大学における経済学研究を支配し、大きな政治的なインプリケーションをもっているという現象自体、アメリカ社会の病根がいかに根深く、深刻なものであるかを端的に表しているものではない。

（初出　一九八一年六月二三日付『日本経済新聞』「経済教室」）

ヴェブレンとケインズ経済学

大恐慌とケインズ理論

一九二〇年代を通じてアメリカ経済は若干の変動はあったにせよ、全体として史上有数と言われる好景気を経験し、高度の経済成長を享受した。一九二九年九月三日、ニューヨーク株式市場は史上空前の高値を付けたが、それはアメリカ経済の将来を示唆し、三〇年代にも二〇年代の好景気が延長されるものと思われた。事実、当時大統領であったハーバート・フーヴァーはこのことを繰り返し強調し、アーヴィング・フィッシャーによって代表される当時の正統派の経済学者の分析を引用したのであった。

しかしニューヨーク株式市場はその後反転し、ついに市場は回復することなく、十月二十四日には株価の大暴落が起き、「暗黒の木曜日」と言われたのであるが、翌週の十月二十九日はさらにいっそう規模を大きくした暴落が起きた。アメリカ経済は当時すでに進行中であった西ヨーロッパ資本主義諸国の不況の波に巻き込まれ、ここに大恐慌が始まった。アメリカ経済の不況は一九三〇年代に入っていっそう深刻化し、西ヨーロッパ、アジアの諸国をも巻き込んで世界的な規模にまで発展していった。一九三三年ルーズベルト政権によるニューディール政策も不況を解決する即効的手段とはなり得ず、やがて第二次世界大戦突入への経済的、政治的条件が形成されてゆくのであるが、大恐慌の世界史的意義についてはここで改めて言及しない。

大恐慌は経済学のあり方に対しても決定的影響を与え、その後の経済学の発展の方向を左右していった。それは当時支配的であった、今日的な用語法を用いれば、新古典派の経済学に対する理論的整合性と現実的妥当性との二つの面からの徹底的な批判、否定であって、新古典派経済理論はその支配的地位を失い、やがて一九三六年に刊行されたケインズの『一般理論』が経済学——とくにマクロ経済学——の新しい理論的枠組みを提供し、経済学における「ケインズの時代」が始まった。

ケインズ経済学もまた、一九七〇年代を通じて、さまざまな視点からの批判が行なわれ、「ケインズの時代」もまたここに終わったという理解が一般的になりつつある。筆者はケインズ経済学の理解について、いわゆるアメリカ・ケインジアンの考え方、とくにヒックスのIS・LM分析という理論的な枠組みと計量経済モデルにおける統計的推計方法とについて疑問をもつものであり、そのような観点からも経済学における「ケインズの時代」の意味、したがって、その終焉ということに対して異論を提起したいのである。しかしここでは、そのことはさて置いて、大恐慌を一つの軸としながら、ケインズ経済学の意味するところをもう一度振り返ってみたいと思う。

もともとケインズの『一般理論』は、現代資本主義の制度的諸条件のなかに、一九三〇年代初期の大恐慌を生み出すようなメカニズムが内在することを明らかにし、完全雇用と安定的経済循環をもたらすためにはどのような政策手段があり得るかということを追求しようとしたのであった。このような視点に立ってケインズ経済学の意味するところを明らかにしようとするとき、ソースティン・ヴェブレンこそケインズの先駆者としての意味をもち、『一般理論』もヴェブレンの思考の延長線上でとらえるとき、その理論的内容がより鮮明に浮かび上がるように思われる。

新古典派理論の前提

一九二〇年代のアメリカ経済学には、その理論的な考え方という観点からみて二つの大きな流れがあって、際立った形での対立をみせていた。第一の流れは言うまでもなく新古典派の経済理論に基づくものであって、前項でふれたアーヴィング・フィッシャーがもっとも代表的な経済学者であると言ってよい。

フィッシャーが新古典派理論の考え方をもっとも純粋な形で定式化し、現状分析も、政策展開もともにその理論的延長線上に展開していったからである。フィッシャーの代表的著作は一九〇四年に刊行された『利子論』(*The Theory of Interest*) であるが、かれはそこで、新古典派経済学を時間選好理論の基礎の上に厳密な形で定式化し、さまざまな実証的ないし政策的インプリケーションを導き出した。フィッシャーの理論は一八七〇年代に形成された、いわゆる限界原理の考え方をさらに一般的な異時点間にわたる資源配分の問題に適用しようとしたものであって、とくにレオン・ワルラスの一般均衡理論をよりいっそう精緻化したものである。ワルラス＝フィッシャー理論に定式化された新古典派経済学の基本的な理論前提は、つぎの諸条件に要約されよう。

生産手段がすべて私有され、合理的な経済人（ホモエコノミカス）から構成されているような分権的市場経済を分析対象とし、生産手段も、消費手段もすべて可変的であって、そのときどきの市場の条件に対応して、個別的な経済主体——経済人——にとってもっとも望ましい形で選択されていると仮定する。そして市場における価格調整のメカニズムが極めて安定的であって、各時点において常に市場均衡の状態が実現しているという前提の下に理論の展開が行なわれる。このような前提条件の下で、資本主義的な市場制度における調整機構は安定的であり、社会的な見地からみて希少資源の効率的な配分が実現するという新古典派命題が導き出される。とくに労働について完全雇用の状態が一般的であり、もしかりに、大量の失業が発生するようなことがあれば、それは価格機構の円滑な働きを阻害する要因が存在するか、あるいは政府による経済への恣《し》意的な介入の結果であると考える。

ワルラス＝フィッシャー理論における市場制度の自律的安定性はまた資本市場、とくに株式市場において成立する市場価格について重要な含意をもつ。それは市場で成立する株価は、その企業の実質的価値を正確に表すという命題である。したがって、一九二九年、ニューヨーク株式市場における高値は、フィッシャーにとってアメリカ経済を構成する企業の将来の利潤獲得能力が平均してきわめて高いということを意味し、それはとりもなおさず、アメリカ経済の将来の繁栄の有力な証左であるとしたのであった。

また政府財政支出が経済に対して中立的な役割を果たし、公共事業を増やしても、結局その分だけ民間支出の減少を誘発するという有名な英国の大蔵省見解もまたフィッシャー理論の当然の帰結だった。そして一九三二年七月、アメリカ経済の落ち込みがもっとも大きく、失業者の増加が最大となった時点で、フーヴァー大統領は、平時における最大規模の増税を断行したが、これは上述の考え方に基づいて行なったのであった。その結果、不況的条件はさらにいっそう深刻化し、それとともに新古典派経済学に対する信頼もまた急速に消滅していった。

ヴェブレンの経済学（上）

一九二〇年代、新古典派とは対極的な考え方に基づいて経済分析を展開したのは、ソースティン・ヴェブレンの流れをくむ制度学派の経済学者たちであった。制度学派の経済学は、一九五〇年代半ばごろまでアメリカの諸大学において大きな影響力をもちつづけたのであるが、ここでは制度学派の考え方を、その源泉であるヴェブレンの経済学にさかのぼって解説し、どのような意味でケインズ経済学の原型（プロトタイプ）をなしているのかということを明らかにしたい。このような視点に立つとき、数多いヴェブレンの著作のなかで一九〇四年に刊行された『営利企業の理論』（*The Theory of Business Enterprise*）がもっとも中心的意味をもつのであるが、ヴェブレンの経済学の全体像についてまず簡単にふれておくのも無意味ではないように思われる。

ヴェブレンはその初期の諸論文、とくに一八八九年発表した「経済学の諸前提について」と一八九一年の「経済学は進化論的科学たり得るか」の二部作において、当時支配的であった新古典派経済学の理論前提を明らかにし、その論理的矛盾と非現実性とを批判し、かれ自身の経済学研究のプログラムを示唆したものである。

ヴェブレンの言う新古典派の理論前提は、前項でワルラス＝フィッシャー理論について述べたことに対応する。すなわち生産手段の私有制、経済人の主観的価値基準の独立性と不変性、生産要素のマレアビリティ、市場均衡の安定性である。ヴェブレンはこれらの前提条件の一つひとつについて詳細に批判を展開し、その主な著作のなかで自らの理論を構築してゆくわけであるが、まず第一に取りあげたのは経済人の合理的行動仮説である。一八九六年に刊行された『有閑階級の理論』（*The Theory of*

Leisure Class）のなかで、人々の経済活動、とくに消費行動が経済人の効用最大化行動によって説明されるものではなく、むしろ社会的、制度的、歴史的要因によって大きく左右されるという主張を展開した。『有閑階級の理論』は社会思想家としてのヴェブレンの名声を不動のものとしたが、経済人の合理行動仮説を第一公準とする経済学の流れのなかでは必ずしも正当な評価を受けなかった。

ヴェブレンは『営利企業の理論』のなかで、さらに新古典派理論と対照的な生産理論、さらにそれに基づいた恐慌論を展開する。近代工業社会では、生産の大部分が近代的技術を体化した機械を中心にして行なわれることに注目する。機械は、それぞれ特定の目的・用途をもって設計され、特定の工程のなかに組み込まれる。したがって、機械がひとたび作られて、工場のなかに据え付けられると、他の用途に転用したり、また異なった生産工程に組み込んで、異なった生産技術を適用することは不可能でなくともきわめて困難な場合が一般的な状況となる。機械過程を中心とする生産体制は単に同一工場内における固定性をもたらすだけでなく、異なった工場相互間もまた固定的なものとなり、経済全体における生産は外生的な条件や市場的条件の変化に対応して可変的に調整することはできなくなる。新古典派の前提条件とはまさに対立的な状況が生まれてくる。

このような生産要素の固定性は必然的に生産主体である企業に本質的な変化をもたらす。新古典派的な企業はそのときどきの市場的条件の変化に対応して常に利潤が最大となるような生産要素の組み合わせという幻影的な存在であったのに対して、ヴェブレン的な企業は、時間を通じて同一性（アイデンティティ）を保つ有機体的な組織をもつ、一つの実体としての意味をもつことになる。

ヴェブレンの経済学（下）

ヴェブレンの指摘する生産過程の固定性は、機械過程とともに市場の社会的分業の固定化にともなってさらに顕著なものとなってゆく。生産を直接担当する生産者としての労働者、技術者たちのもっている生産者本能と、利潤追求動機に基づいて経営を行う経営者との間の緊張感もまたいっそう先鋭化してゆく。ヴェブレンは、この産業と営利との乖離が現代資本主義の基本的性格を形づくると考える。

生産要素の固定性はまた、資源配分のメカニズムのもつ意味を大きく変えていくことになる。各時点で、国民経済の生産の条件を規定するものは各生産企業のなかに蓄積されている、これら設備、機械などの固定的な生産要素の質と量とによって規定されるが、このような設備、機械はいずれも過去の時点において計画され、建設され、据え付けられたものである。すなわち過去の時点において計画され、実行に移された投資活動の帰結として、現時点における生産の条件が規定されることになる。これらの投資が行なわれた過去の時点においては、現時点における市場の諸条件、とくに価格について知ることができないわけであるから、現時点で存在する固定的な生産要素――労働者、技術者なども含めて――が、現時点における市場の条件、とくに現在の価格水準の下で、企業に最大利潤をもたらすという保証はもはや存在しなくなり、現存する生産要素が完全雇用されるということはまったく例外的にしか起こらなくなるのである。

また現時点におけるこれらの生産要素が全体としてどれだけ雇用され、使用されるかということは、全体としてどれだけの投資がなされるかということに依存する。したがって生産要素の完全稼働、労働の完全雇用という状況はいっそう実現を期し難いものとなってくる。非自発的失業が一般的な状態であり、完全雇用は極限的な場合に過ぎないというケインズの命題はすでにヴェブレンによって説得的に展開されている。

このことはまた資源配分について、私的最適性と社会的効率性との乖離という現象が、ヴェブレン的な企業観の下で起きることを意味する。

ヴェブレンはさらに、産業と営利の乖離現象は、現代資本主義を特徴づける金融市場、資本市場の発達にともなって、市場経済制度の不安定化を引き起こす要因となることを指摘する。企業の実質的な生産活動について、その固定性が高まるのとは対照的に、企業の所有権ないしはその果実に対する請求権である株式については、金融資産市場の発達にともなって、ますます流動性を高めていくことになる。生産過程を担当する企業の株式ないしはその発行する社債について、その取引について高い流動性が付与されるというのが現代資本主義の重要な制度的特徴の一つであるが、このような制度的条件の下では、金融資産一般について、とくに株式について、その市場価格は必ずしも実質的価値を反映するものではなく、市場価格の変動に関する期待に基づく投機的動機によって左右される。

極端な場合としては、金融資産の実質的価値はゼロであるような場合にも、人々がその市場価格が上昇して、キャピタル・ゲインを得るという期待をもっていれば、市場価格は上昇し、人々の期待はさらに強化され、投機的動機に基づく需要が形成され、それがまた市場価格を押し上げるということも起こり得る。

生産面からみた企業の実質的価値とその投機的な動機に基づく市場価格の乖離はときとして不安定的に拡大する傾向をもつ。しかし、この乖離はやがてその限界に達し、人々の投機的期待が大きく逆転し、株価の大暴落が起こる。それは投資のコストを大きく引き上げ、全投資の大幅な低下を引き起こす。そして有効需要が下がり、非自発的失業の増加という結果を生み出す。しかもこの非自発的失業の増加は単に短期的な現象にとどまらず、先に述べたような理由から慢性的な景気停滞が現代資本主義にとって避け難い状況となる。

ケインズとの異同

ヴェブレンの『営利企業の理論』は、現代資本主義の制度的特徴を抽象し、そこに資源配分の私的最適性と社会的効率性との乖離が必然的に起き、金融恐慌生成のメカニズムを明らかにし、慢性的不況と大量の非自発的失業の存続が避けられない現象であることを説いた。このような状況を回避し、社会的観点からみて最適な資源配分を実現するためにどのような政策手段があり得るだろうか。慢性的不況と失業との解消に関して、ヴェブレンの解答は単純明快である。人々がこれまでよりいっそう浪費的となり、企業の生産するものをできるだけ多く購入するようになるようあらゆる努力を惜しまないか、しかしそれも見込みがない場合、政府ができるだけ民間企業の投資意欲を阻害しないような形での公共投資を増やし、有効需要を高めるようにするということである。

「近代的産業のもつ過剰な生産能力を十分にみたす規模にまで浪費的支出を増やすということは不可能に近い。民間のイニシアチブだけに頼って、営利企業が必要とするだけ財・サービスの浪費を行うことはできない。私的な浪費が大きいことは疑いないが、貯蓄と計算高い投資とに関する営利企業の論理は、人々の近代的な行動様式のなかに組み込まれてしまっていて、貯蓄が不足しているということを公に認めることができないほどである。そのために何かしなければならない。それは政府が効果的な浪費をすることである。軍備、公共的な建造物、宮廷的なあるいは外交的な制度等々が浪費的なものとして、この問題にかかわる限りにおいて重要なものとなる」（『営利企業の理論』二五六ページ）。ヴェブレンの文章を読めば、おのずから『一般理論』のなかにあるケインズの有名な言葉を想起するであろう（二三四―二三八ページ）。

ヴェブレンは、このような社会的浪費が現代資本主義の下で完全雇用を実現するためには不可避な手段であって、市場経済制度に内在する反倫理的、反社会的な要因であると考え、資本主義という経済体系を維持する限り、回避できない矛盾であるという確信をもつようになっていった。そして一九二一年刊行された『技術者と価格体制』(*The Price System and the Engineer*)では、利潤動機に基づいて経営が行なわれる資本主義の下では、社会的な観点からみて最適な資源配分は望み得ず、技術者から構成されるソビエトが社会的な観点から資源配分を計画し、指示するような計画経済の下で、初めて社会的資源配分の問題が解決されることを主張した。

この点でヴェブレンは資本主義体制のなかで、資源配分の問題を政策的に解決しようとしたケインズとは決定的にたもとを分かつことになる。新古典派の経済理論は、その理論的内容の空虚さと現実的感覚の欠如から経済学の主潮から消え去っていったが、ヴェブレン的な制度学派もまた、理論的にも、政策的にも多くの人々の受容するところとならず、やがてルーズベルト政権のニューディール政策とそれに理論的根拠を与えたかのようにみえたケインズ経済学の時代に移行していった。

ヴェブレンは一九二九年七月、『営利企業の理論』の予見的分析そのままの形で起きていった大恐慌の展開をみることなく世を去ったが、かれの残した経済学の知的遺産は、経済学がいまの時点で置かれている困難な状況を克服するためにいくつかの点で重要な示唆を含んでいるように思われる。

〔参考文献〕

本文中に引用した文献のほかに次の書物を参照されたい。

Rutledge Vining, "Suggestions of Keynes in the Writings of Veblen," *Quarterly Journal of Economics* (1938)
宮本憲一『社会資本論』有斐閣（一九六八年）
宇沢弘文『自動車の社会的費用』岩波新書（一九七四年）
宇沢弘文『近代経済学の再検討』岩波新書（一九七七年）

（初出　一九八二年一月五日～一二日付『日本経済新聞』「経済教室」）

戦後経済学の発展

ヒックスとアレー

戦争が終わってから四十年たつ。この四十年間に日本の経済と社会はかつて経験しなかったような大きな変革を遂げてきたが、経済学もまた大きな飛躍を経て、その内容もかなり異なるものとなってきた。これから戦後の経済学の流れを追っていきたいと思うが、はじめにお断りしておきたいことは、必ずしも体系的な戦後四十年の経済学の発展の歴史ではないということである。素材の選び方、重点の置き方については恣意的なものが多いことと、主として近代経済学の分野に限定することについて読者の方々のご了解をいただきたいと思う。

戦争直後、世界の経済学者たちがどのような状況に置かれていたのか。それをもっとも端的に表した一つのエピソードがある。一九四四年八月、パリは連合軍によって解放されたが、イギリスの経済学者ジョン・ヒックスはパリ入城の第一陣のなかにいた。パリに入った最初の夜、ヒックスはフランスの経済学者の集まりがあると聞いて参加したのであった。屋根裏のような薄暗い部屋に案内されたヒックスは、そこでモーリス・アレーのセミナーを聞くことになる。それは、アレーが数理経済学に関する抽象的な論文を長い時間かけて説明するというセミナーであったことにヒックスは意外な感じがしたのであった。パリ市内こそ戦火を免れたものの、フランス全土、さらにヨーロッパ全体がまさに灰じんに帰したような状況の下で、抽象的な数理経済学の議論を聞こうとはまったく意表外のことであった、とヒックスはのちになってから述懐している。

アレーは戦後フランスの指導的な経済学者で、経済学の多くの分野で極めて独創的な業績をあげるとともに、エコール・ド・ミンにあって幾多の経済学者の育成に当たった人である。八三年にノーベル経済学賞を受けたジェラール・ドブリューや経済理論と計量経済学でフランスの第一人者であるエドモン・マランボーらは、いずれもアレーの弟子であった。アレーはまたいささか風変わりな風貌と学風とをもった人でもある。たとえばアレーの貨幣数量説に関する論文があるが、それは時間の計り方をそのときどきの経済活動の水準にリンクさせながら、心理学的時間という概念を導入して、貨幣の流通速度が一定に近くなるということをアメリカ経済について実証するというものである。

他方、ヒックスは『賃金の理論』『価値と資本』『景気循環論』など数多くの著作を通じて、戦中から戦後にかけて一つのエポックを形成し、現在の経済理論のあり方に対してもっとも大きな影響を及ぼした人と言ってよい。ヒックスもノーベル賞を受賞している。

パリ解放の夜、アレーとヒックスの邂逅は戦後の経済学の発展をそのまま象徴するものであるように思われる。経済学はあくまでも現実の経済制度をその分析の対象とし、表層的な経済現象の底にある実体を、透徹した視角と冷厳な論理をもって解明しようとするものである。戦後の荒廃のなかにあって、近代合理主義の立場を貫きながら経済学の研究に立ち向かうという二人の姿勢のなかに、戦後の経済学の特徴とその発展の方向をみることができると言ったら言い過ぎになるのであろうか。

ともあれ、よきにつけ、あしきにつけ、ヒックスが一九三九年に刊行した『価値と資本』は新しい時代の経済学研究にとって、まさにバイブルとしての役割を果たすことになっていったのである。それは当時大きな流れとなって経済学の考え方を変えつつあったいわゆる「ケインズ革命」とどのような関係をもつのであろうか。

ケインズの革命

第二次世界大戦後の経済学の歴史で一つのエポックとして象徴的なのは、一九四六年四月二十一日のジョン・メイナード・ケインズの逝去である。

翌二十二日、ロンドンの「タイムズ」紙は長文の追悼文を掲げて、ケインズの死をいたんだ。「ケインズの死によってイギリスは、すぐれて偉大だった一人のイギリス人を失った。ケインズは経済学者として、専門家と一般人とに対してその思考に世界的次元における影響を与えるとともに、他のさまざまな領域においても、その一生を通じて天才的な活躍をした」。タイムズ紙は続けてケインズの生涯を振り返り、その学問的業績に高い評価を与えた。

ケインズの経済学における主要な業績は言うまでもなく、『一般理論』(*The General Theory of Employment, Interest, and Money*) に集約されている。一九三六年に出版された『一般理論』はすでに学界の共有財産として、マクロ経済学の考え方にまさに「ケインズ革命」という名にふさわしい影響を及ぼしつつあった。この経済学における「ケインズ革命」が具体的にどのような内容をもったものであるかということは、セイモア・E・ハリスが編集して、一九四七年に出版された『新しい経済学』をみるのがもっとも適切であろう。この書物はケインズを含めて、当時指導的な立場に立つ二十六人の経済学者たちがそれぞれの専門分野について、ケインズの経済学への貢献を議論したものである。グッドウィン、ハーバラー、ハロッド、レオンチェフ、ラーナー、ミード、メツラー、ジョーン・ロビンソン、サミュエルソン、シュムペーター、ポール・スウィージー、ティンバーゲン、トービン等々、いずれもそのあと経済学の発展に先導的な役割を果たし、経済学の歴史に大きな足跡を残した人々である。

同書はまず、ハリスによってケインズ経済学の位置づけが行なわれ、その核心について要を得た解説がなされている。ケインズの経済学に対しての貢献が、偉大かつ不朽のものであるということについて本書に関係した人々の間で完全に意見の一致をみたとハリスは言う。しかし、ケインズは経済学における諸問題に対して終止符を打ったのではない。むしろケインズの貢献は経済学を、近代社会の絶えず変化してやまない制度的諸条件に適応させることにあったのだ、というコープランドの主張に私は同意する。

『一般理論』以前に支配的であった経済学の考え方は、古典的な自由放任の競争的資本主義に照応するもので、二十世紀的な状況にはすでに妥当するものではない。二十世紀の経済というのは、科学、政治、市場の変化などの制度的諸条件の進化につれて、独占、硬直化、貯蓄過剰、需要不足、そして不完全雇用がある意味で必然であり、それはケインズの展開した新しい理論的枠組みのなかではじめて説得的に解明されるのであった。

経済学者ケインズの活動は三十五年以上にわたり、多岐な面をもっている。『一般理論』ですら、その理論的、政策的意味は必ずしも単一ではない。ましてケインズ経済学の内容は多様である。リチャード・カーン、ジョーン・ロビンソン、ハロッドからビヴァリッジ、さらにはポラニーにいたるまでケインズの使徒に挙げられている。しかしハリスは、ケインズは本質的には資本主義の擁護者であったと推測する。ケインズは政府による経済への積極的な介入を主張し、規制や干渉をも許容しようとしている。その場合、ケインズが真に意図しているのは、資本主義という制度をどのような形で救うことができるかということであった、とハリスは指摘する。所得分配の不平等化が進み、非自発的失業の大量発生が長期間にわたって続くとき、資本主義は制度として存続することは極めて困難となる。このことは、ケインズの最後の著書『戦費調達論』に強調されているところでもある。つぎに『新しい経済学』の内容に沿って、当時、ケインズ経済学がどのように理解されていたかを簡単にみてみよう。

『一般理論』の解釈

ハリスの『新しい経済学』には、当時『一般理論』がどのような形でとらえられていたかということに関して、示唆に富む論文がのせられている。サミュエルソンが述べているように、『一般理論』は南海の孤島を襲った悪疫のように、三十五歳以下の経済学者をとらえ、新しい考え方の追随者としていった。それはたんなる一時的な流行ではなく、刊行後十年たった一九四六年という時点でも、信奉者が増え続けていた。

イギリスではケンブリッジだけでなく、オックスフォードのハロッド、ミードをはじめ、ロンドン・スクール・オブ・エコノミックスのカルドア、ラーナー、さらにはヒックスまでがケインズ派に加わった。アメリカでもランゲ、ハンセンをはじめとして、細部についてみれば意見の相違はあるにせよ、ケインズ派の色に染められていった。サミュエルソン自身のケインズ経済学に対する理解は、教科書『経済学』にくわしく展開されることになるが、ここでは有効需要の理論に焦点を当てながら、同時にケインズ経済学は不況の経済学分析を超えて好況、インフレーションの分析にとかかわることを論じている。

たとえば、「インフレーション・ギャップ」の概念はケインズによって導入されたものであるという。しかし、『一般理論』はその書き方が拙劣で、構成もまずく、著者の名声にあざむかれて『一般理論』を購入した人々は定価五シリングを詐取されたようなものだ、とサミュエルソンは言う。

ラーナーはもっと『一般理論』の内容に立ち入って、それがどのように古典派と異なるかということを論じている。『一般理論』のもっとも基本的な主張は非自発的失業の概念であるが、古典派の理論では、賃金の調節機構によって失業は消滅してしまう。それに反してケインズの理論は、貨幣賃金の一般的な切り下げによって限界費用が下がり、生産者間の競争によって生産物の価格もまた下がる。均衡のときには、価格は賃金と比例して下がり、雇用量の増加をもたらさない。

ところで、雇用量はどのようにして決まるであろうか。それは、企業家が計画する投資に等しいだけの貯蓄が生み出されるような所得水準に対応して雇用量が決まってくる、というものである。さらに投資の決定については、投資の限界効率が利子率に等しくなるような水準に定まる。

ケインズ自身は誤って〝資本〟の限界効率という概念を使って議論を展開したが、ラーナーがはじめて〝投資〟の限界効率の概念を用いなければならないことを指摘した。このラーナーの指摘は、マクロ経済分析のその後の発展に重要な意味をもつものである。最後に、利子率は貨幣保有に対する流動性選好によって決まるものであって、古典派のように貸付資金に対する需給の関係で決まるものではない、ということが示される。

ラーナーの論文は、『一般理論』に関してそれまでなされたさまざまな解説に比べてはるかに説得力をもち、その核心にふれたものであった。それはケインズ経済学が一般に受け入れられて、経済学の共有財産となっていく過程で、もっとも中心的な役割を果たした論文となった。

『一般理論』の意味について、もう一つの重要な論文がアルヴィン・H・ハンセンによって書かれている。ハンセンはケインズ革命を、古典派経済学という構造物に対して一つの重要な構成要素が積み上げられたものとしてとらえる。『一般理論』の貢献は消費関数の定式化という点でもっとも重要であると考える。そしてケインズ理論を、資本主義における長期停滞の理論として位置づけた。

ケインズ経済学に関しては、このころ数多くの解説書が書かれたが、そのなかで特に注目に値するのは、一九四七年に出版されたローレンス・クラインの『ケインズ革命』である。ケインズ経済学のもたらしたものを、単に経済学という観点からだけでなく、社会的、政治的、思想的な面からもクラインの鋭い分析が展開されている。

計量経済学

一九四八年、ケインズ経済学の視点に立った教科書『経済学』がサミュエルソンによって書かれた。この書物は、大学における経済学教育に重要な役割を果たすことになる。サミュエルソンの考え方は、もともとヒックスが一九三七年に発表した「ケインズ氏と古典派」と題する論文のなかで導入したＩＳ・ＬＭ分析に基づいている。

ＩＳ・ＬＭ分析はまた所得・支出分析と呼ばれ、『一般理論』のエッセンスをモデル化したものとして、マクロ経済分析の基礎となっていく。それは、国民経済の主要なマクロ経済的変数——国民所得、雇用量、消費、投資、利子率、貨幣供給量、物価水準、輸出入など——の間にどのような関数関係が存在するかということを、方程式体系で表現したものである。

この方程式体系は国民経済の制度的諸要因によって規定され、一国の経済的構造を要約したものとなるわけである。このとき、この方程式体系の構造的パラメーターを推計することが可能であろうか。この統計的推計はエコノメトリックスの問題であって、一九四〇年代後半から五〇年代にかけて、主としてシカゴ大学にあったコールズ研究所の人々によって実際上解決された。ジェーコブ・マルシャック、チャーリング・クープマンスを指導者とする研究者集団が中心となったが、アメリカ経済に関して、実際に構造パラメーターの推計がローレンス・クラインによって行なわれた。これは計量経済モデルと呼ばれ、戦後の経済学を特徴づけるものとなった。クラインの最初の計量経済モデルは五、六本の方程式体系であったが、その後、統計データの整備、コンピューターの大型化に伴って、計量経済モデルも世界の多くの国でつくられるようになり、規模も飛躍的に大きくなっていった。

計量経済モデルは政策面からも重要な意味をもつ。それは財政・金融政策を変えたときに国民所得、雇用量、物価水準などのマクロ経済的諸変数にどのような影響を及ぼすか、ということを具体的に計算し、予測することができるからである。また、消費性向、投資の限界効率表などという社会的、心理的要因の変化によって、どのような経済変動が引き起こされていくか、ということを分析することが可能になっていった。エコノメトリックスの発展はまた社会科学の他の分野にも波及していった。とくに経済史の領域において、過去の歴史的、統計的データを数量化し、それらの数量の間にどのような関係が存在するか、ということを純粋に統計的な手法によって見いだそうというアプローチも生まれていった。

一九六〇年代に入ると、計量経済モデルの作成はますます盛んとなり、多くの先進資本主義の国々で、実際に政策策定の過程で無視できない役割を果たすようになっていった。とくにアメリカでは、一九六一年ケネディが大統領に就任するとともに、多くの経済学者が登用され経済政策の策定に参画することになった。その多くはアメリカ・ケインジアンと呼ばれる人々で、「ニュー・エコノミックス」のスローガンを掲げて、ホワイトハウスの内外にあって華やかな活動を展開していった。その自信のほどは一九六三年、当時大統領経済諮問委員会のメンバーであったジェームス・トービンのつぎの言葉に要約されよう。「われわれは経済の構造について完全に近い知識をもつようになった。いまや経済成長率、失業率、インフレーションなどというマクロ経済的指標について、六カ月先まで二ケタの精度をもって予測可能となった」

経済成長理論

ケインズ理論の発展には、エコノメトリックスとならんでもう一つの領域があった。それは経済動学に関する理論的な展開であり、その第一歩はロイ・ハロッドによって試みられた。ハロッドの考え方は一九四一年に出版された『経済動学序説』に説明されているが、のちにイブシー・ドーマーによってよりいっそう明確な定式化が行なわれた。

企業部門における投資活動は、一方において有効需要を形成し、国民所得、雇用量を増加させるが、他方では資本蓄積によって国民経済全体の生産能力を大きくする。経済成長に伴う供給能力の増加と、所得上昇に伴う需要の増加との間に長期間にわたる平衡が維持されうるであろうか。

ハロッドはこの設問に対してつぎのように答える。いま完全雇用が保たれているとすれば、実質国民総生産は年々、人口増加率と技術進歩率との和に等しい率で成長する。これがハロッドの自然成長率である。他方、資本蓄積によって年々どれだけ財・サービスの供給が増加するかというと、それは平均貯蓄性向を資本係数で割ったもの、つまり保証成長率に等しい。均斉的な経済成長が長期にわたって可能となるためには、この二つの成長率が等しくなければならない。しかし、自然成長率と保証成長率とは一般に等しくならない。そして実際の経済成長経路の均斉成長からの乖離《かいり》は累積的に大きくなる。このようにして、ハロッドは資本主義的な経済成長が極めて不安定な様相となることを示したのであった。

一九五〇年半ばごろ、ハロッド・ドーマーの問題について異なった視点に立って分析が行なわれた。新古典派経済成長理論で、トービン、ソロー、スワン、荒憲治郎によって独立に展開された。経済成長に伴って資本と労働との間に代替が起こり、資本装備率が変化することによって、経済成長経路の安定性が保証されるという考え方である。

資本主義経済の経済循環のメカニズムに関するケインズ・ハロッドの不安定性命題はまた、静学的な側面からも批判され、五〇年代から六〇年代はじめにかけて一般均衡理論はますます数学的に精緻《せいち》化していった。アロー、ドブリュー、ハービッツなどの数理経済学者の貢献がとくに顕著であった。

ハロッドの不安定性に対するトービン、ソロー、荒の批判は、新古典派的な集計関数を用いてなされ、本質的には一財経済のモデルの枠組みのなかで行なわれた。かれらの安定性はより一般的な状況についても妥当するであろうか。この問題は新開陽一によって取り上げられた。新開モデルはハロッドと同じように固定的な技術係数を想定し、資本財と消費財とからなる二部門経済モデルであった。新開モデルに対して、資本と労働とが代替であるような技術条件を前提とした二部門経済モデルを用いるときも、経済成長の安定性は必ずしも保証されず、技術的条件が二部門でどのような関係にあるかによって左右されることも示された。

資本主義経済制度の下における経済成長の安定性とならんで、六〇年代はじめに多くの経済学者の興味をひいたのが最適経済成長の問題であった。この問題はもともと一九二八年のフランク・ラムゼイの古典的な論文「貯蓄の数学的理論」で定式化されたものであるが、新古典派経済理論の視点から再び取り上げられ、そのインプリケーションが論じられることになったのである。とくに希少資源を資本財部門と消費財部門との間にどのように配分すれば、最適な経済成長を実現することができるかという社会主義計画における古典的な問題についても、いくつかの興味深い貢献がなされた。一九五〇年代の終わりごろまで、アメリカをはじめとして世界の資本主義諸国が少なくとも表面的には経済繁栄をかなり長期間にわたって享受していた時代にふさわしいテーマでもあった。

ベトナム戦争の影響

第二次世界大戦を契機として、世界の経済学研究の中心はイギリスからアメリカに移っていった。それは経済学を専攻する人々の数、研究費の額などの面でとくに顕著にみられた。このことはまた同時に、アメリカにおける社会的、経済的、政治的な要因によって、経済学の発展の方向が大きく左右されたということを意味する。

もともと、新しい経済学がアメリカの諸大学に移植され、成長していった過程は必ずしも平坦なものではなかった。とくに一九四〇年代から五〇年代にかけて、アメリカ中西部の諸大学では保守的な政治環境の下で、ケインズ経済学がときとして共産主義とならんで危険視されたこともあった。そのもっとも典型的なケースは有名なイリノイ大学事件である。エバレット・ヘーゲンが中心となってケインジアン的なカリキュラム改革を行なおうとして、州議会の強い反対攻勢にあった。それに対抗して、ヘーゲン自身をはじめモディリアーニ、パティンキン、ハービッツ、クラワーなどの指導的な経済学者がイリノイ大学を去ったのである。

また五〇年代前半にも、ポール・スウィージー、ポール・バランをはじめとするマルクス経済学者たち、さらにリチャード・グッドウィン、ターシス、クラインなどいわゆるアメリカ・ケインジアンにまで、さまざまな形での誹謗《ひぼう》と職業的活動に対する妨害が加えられた。しかし、これらの経済学者たちはいずれも毅《き》然としてその学問的、思想的立場を守り、人間的尊厳を保ち続けた。このことによってアメリカにおける経済学は、一個の学問としての生命を維持し続けることができた。

あたかも戦前の日本において、軍国主義的弾圧に対して敢然とたたかった山田盛太郎、その生命を賭《と》して学問的立場を守った大内兵衛、有沢広巳、脇村義太郎、河合栄治郎などの経済学者をほうふつさせるものがあった。もちろん一九五〇年代のアメリカの場合、一九二〇年代から三〇年代における日本の状況の厳しさと比較しうるものではないが、これらの経済学者たちによってアメリカにおける経済学が救われたと言っても過言ではないであろう。一九五〇年代半ばごろから六〇年代にかけて、ケインズ経済学を核にしてエコノメトリックス、数理経済学など多くの分野で目覚ましい研究活動が展開されたのも、一つにはこの点にその要因を見いだすことができよう。

しかし、一九六〇年代を通じて、アメリカを中心として起こった大きな地殻変動がこの条件を決定的に変えてしまうことになる。それはベトナム戦争である。アメリカによるベトナムへの軍事的介入とその非人間的な殺りく行為に対して、世界的な規模をもつ反対運動が起きていったが、それはアメリカ国内でもっとも熾《し》烈であった。とくにアメリカの多くの大学で研究者と学生とが一体となって、ときとしては非合法的手段をとって反ベトナム運動を展開していった。

反戦運動の過程を通じて、アメリカの経済学のあり方もまた大きな転換点を迎えることとなる。ベトナムへの軍事的介入を大幅にエスカレートし、不可逆的な性格を与えたのはケネディ大統領であるが、ケネディ政権にはニュー・エコノミックスを標榜《ひょうぼう》して、多くの経済学者が参画していた。これらの経済学者たちの大部分は、ベトナム戦争のもつ非人道的性格に対して真正面から批判することを避け、もっぱら経済学は希少資源の効率的配分の学であるという隠れみのをまとって、その良心を麻痺させていた。そして、たとえばエントフォーフェンのようにキル・レーショ（殺りく比率）という概念を導入して、戦争の効率的遂行を求めようとしたのであった。

ラジカル・エコノミックス

ベトナム戦争はアメリカの経済学者につよい衝撃を与え、経済学のあり方に無視しえない影響を及ぼしていった。しかし、それは必ずしも唐突な形の外生的なショックというよりは、多くの経済学者がすでに意識していた経済学の理論前提の非人間性と非現実性とにかかわるものであった。

新古典派経済理論においては、経済学を社会科学としてみるより、資源配分の効率性を志向し、その論理を探るという形式論理的な側面が支配的になっていたからである。ケインズ経済学もまた、このような新古典派経済理論の枠組みのなかに吸収されて、いわゆるアメリカ・ケインジアンの経済学、あるいはサミュエルソンの言う新古典派総合の体系のなかに組み込まれていった。

このような状況の下で、五〇年代から六〇年代にかけて多くのアメリカの経済学者たちの関心はアフリカ、インドなどのいわゆる開発途上国に向けられて、それらの国々における経済発展の問題に取り組むことになった。しかし、これらの経済学者たちの多くは、当時支配的であった経済学の考え方と開発途上国の現実との矛盾に悩み、やがて新古典派的な発想法を全面的に否定してマルクス経済学の考え方に大きく傾斜する。同時に、アメリカ国内における政治的、社会的、文化的状況に対して厳しい批判運動を展開していくことになる。

ボールス、ギンタス、マッキィーン、マーグリン、ヴァイスコックなど若いすぐれた経済学者たちが「アメリカン・ウェイ・オブ・ライフ（アメリカの生き方）」を広めるために開発途上国に行き、そこで自らの思想と生き方の限界を知る。そして、逆にアメリカ的な生き方を否定し、資本主義制度自体に対して批判運動を展開するようになっていったのは、皮肉というより表現のしようがない。

ベトナム戦争はこれらのラジカル・エコノミックスの立場をさらに鮮明なものとし、多くの共感者をつくり出していった。しかし、反戦運動の大部分は、むしろ自己破壊的な方向に向けられていったと言ってよいように思われる。若い研究者、あるいは学生たちが経済学研究を続けていくことができなくなって、大学から去ったり、あるいは国外に逃れていったからである。ベトナム戦争を通してアメリカから国外に出ていった学生たちの数は十万に上ると推計されているが、経済学関係の人々はごく少数である。しかし、アメリカの諸大学における経済学研究の方向には大きな影響を与えた。というのはこれらの研究者、学生の多くは能力的にも、学問研究の姿勢という点からも、もっともすぐれた人々であって、五〇年代にマッカーシズムを戦い抜いてきた経済学者のあとを継いで、経済学の真の発展のために欠くことのできない人々ばかりだったからである。

ベトナム戦争は、アメリカ国内で南北戦争以来と言われた大きな社会的亀裂を引き起こしたが、その経済的な影響も計り知れないものがあった。第二次大戦後に行なわれた対外経済・軍事援助、対外直接投資の急増、IMF（国際通貨基金）制度の矛盾などによって、六〇年に入ってすぐからアメリカ経済は経済の空洞とも言うべき症候群に悩まされていた。ベトナム戦争によって、これらの問題点はさらに拡大されて、失業、インフレーション、国際収支の悪化という、いわゆる〝トリレンマ（三重苦）〟という現象がアメリカ経済を特徴づけるものとなっていった。そしてこの過程を通じて、ケインズ経済学ないしはアメリカ・ケインジアン、計量経済モデルに対して、その現実的妥当性と理論的斉合性との両面から厳しい批判が展開されていったのである。

「経済学の第二の危機」

一九六〇年代の終わりから七〇年代はじめにおける経済学の状況をもっとも端的に表明したのがジョーン・ロビンソンの「経済学の第二の危機」である。これは一九七一年十二月、アメリカ経済学会年次総会における講演であるが、満場の聴衆に深い感銘を与え、一つのエポックを象徴するものである。ジョーン・ロビンソンがここで第二の危機と呼んでいるのは、彼女の生涯を通じての第二の危機であり、それはそのまま二十世紀における経済学の第二の危機を意味する。

第一の危機は三〇年代初頭、世界的な規模をもつ大恐慌に直面して、当時支配的であった新古典派経済学がその有効性を完全に失ってしまったときに起きた。第一の危機はケインズの『一般理論』によって解決され、経済学は新しいパラダイム（理論体系）をもつようになった。

それから四十年後、世界の資本主義はふたたび大きな混乱に陥り、不均衡と不安定の時代を迎えケインズ経済学の限界が明らかとなってきた。しかし、ケインズ経済学に代わるべき新しいパラダイムはまだ現れていない。これがジョーン・ロビンソンの言う第二の危機であるが、そこでまず求められるものは、効率性、経済成長ではなく、むしろ分配の公正、貧困の解消である。ケインズはより多くの雇用を求めたが、ロビンソンはなんのための雇用かということを第一義的な問題として提起した。ジョーン・ロビンソンの「経済学の第二の危機」は、多くの人々が漠然と感じていたことを明白な形で提示し、経済学の進むべき方向を示唆したものであった。

しかし、その後の経済学の発展は、ジョーン・ロビンソンが意図した方向とはむしろ逆に進んで、ケインズ以前の新古典派理論の復活という形をとっていった。このことは特にアメリカの経済学について妥当するが、それは前項で述べたベトナム戦争の後遺症とも言うべき面をもっている。若い、能力的にすぐれた人々が経済学、あるいは大学自体から去ってしまったことが、何よりも大きな要因となっているように思われる。

それに加えて、これまでも触れてきたように、ケインズ経済学がアメリカの大学に移植されて、その本来的な特徴をかなり失って、機械的、平板的な均衡分析の枠のなかに押し込められてしまったということにもその要因があるように思われる。六〇年代の終わりごろからアメリカ経済のさまざまな面で不均衡現象が顕著となり、アメリカ・ケインジアンの均衡分析ないしは静学的分析の枠組みのなかでは、説得力をもって解明することが困難となってきたからである。

特にエコノメトリック（計量経済）・モデルについてみれば、もともとヒックスのIS・LM分析という静学的な分析に基づいて定式化されたものであって、動学的な不均衡過程の分析には必ずしも適合しないものである。そのため、このようなエコノメトリック・モデルを用いた予測はその精度がかなり信頼のおけないものとなっていったからである。

このような状況で、いわゆる反ケインズ経済学と呼ばれるべき考え方がいくつかの異なる衣を装って登場してきた。ミルトン・フリードマンに代表されるマネタリズムの考え方、ゲイリー・ベッカーを中心とする合理主義経済学、ルーカス、サージェントたちの合理的期待形成仮説、アーサー・ラッファー、マーチン・フェルドスタインの定式化したサプライサイドの経済学などである。これらのアプローチは、いずれも新古典派経済学の精緻化、具体化とみなされるもので、その理論前提の非現実性、演繹過程の粗雑さ、政策的偏向という点から、もともと問題点の多い考え方である。

ところが、経済学の危機的状況の下で、このような考え方が単に経済学研究についてだけでなく、現実の政策的な面でも無視できない力をもってくるようになってきた。

この点に「経済学の第二の危機」的状況があると言ってもよい。

合理的期待形成仮説

一九七〇年代の経済学の流れを一言で表現すれば、ケインズ経済学から新古典派経済学への転進と言うことができる。この流れのなかで経済理論という観点からもっとも重要な役割を果たしたのは、合理的期待形成仮説（Rational Expectations Hypothesis）の経済学である。

合理的期待形成仮説というのはもともと一九六一年、ジョン・ミュースが導入した考え方である。ミュースは豚肉市場のように、生産者が将来の市場の条件を予想しながら生産計画を立てなければならない状況を、合理的な期待という概念を用いて処理しようとした。ミュースの考え方は一九七二年、ルーカスによって、その論文「期待と貨幣の中立性」のなかでマクロ経済学の問題に応用され、マネタリズム的な命題を「証明」するために用いられた。これを契機として、七〇年代を通じて合理的期待形成仮説があたかも悪疫の流行のような勢いで、とくに若い経済学者の間で広まっていった。一九八〇年にはアメリカの大学での経済理論の学位論文のうち、じつに九〇%

がなんらかの形で合理的期待形成仮説とかかわりをもつと推定されている。

合理的期待形成仮説というのは、市場経済を構成する各経済主体が、将来の市場の条件についてくわしくかつ正確な知識をもち、とくに市場価格の客観的確率分布を具体的に熟知し、そのうえで自らにとってもっとも有利な行動を計算し、選択することができるという仮定である。そして市場は常に均衡状態にあり、他の人々の行動もすべて合理的であると各人が考えて行動しているという前提の下で、市場経済における経済循環のメカニズムを解明しようとするものである。ルーカスはこの仮説を前提とした理論モデルをつくって貨幣の中立性を証明した。

さらに進んで、たとえばロバート・バローは合理的期待形成仮説を使って、国債の純資産額はゼロとなって、国債残高がどのように大きくなっても、経済循環のプロセスにはなんの影響をも及ぼさないという結論を出した。民間の経済主体がすべて政府のとる政策の結果を読み込んで、合理的な行動選択をするからだというのである。

合理的期待形成仮説の下では、普通の意味でのケインズ的な財政・金融政策も、事前にそれが予想されるものであるかぎり、すべて民間の経済主体の合理的な行動によって相殺されてしまって、なんら影響を及ぼすことがないという結論も導きだされる。

合理的期待形成仮説はこのように、マネタリスト的な結論を導きだすためにしばしば用いられたが、この仮説のもつ意味について必ずしも十分な検討がなされなかった。この仮説は、各経済主体が市場の諸条件、経済の構造的要因について正確な知識と情報をもっているということを前提とするが、この前提条件は分権性という、市場制度の存在自体にかかわる基本的な要請と矛盾するものである。

同じような特徴は合理主義経済学にもみられる。犯罪の経済学、結婚の経済学、さらに浮気の経済学という珍種も出現したのが一九七〇年代であった。浮気の経済学というのは、ゲイリー・ベッカーの「時間を通じての時間配分の理論」を適用して、一日のうち何時間浮気のために時間を割いたとき効用が最大になるかということを、特異なモデル設定の下で論じようとするものである。この論文は一九七八年、『ジャーナル・オブ・ポリティカル・エコノミー』に発表された。かつてはソースティン・ヴェブレンも編集に携わっていたことのある由緒ある雑誌にこのような論文がのること自体、七〇年代におけるアメリカの経済学のあり方を象徴的に表すものはないように思われる。

理論と現実の乖離

一九七〇年代を通じて大きな流行となった合理的期待形成仮説を中心とする合理主義経済学の考え方は、単に大学だけでなく、社会的、政治的にも広く影響力をもつようになっていった。そのうちでマネタリズムの考え方は、アメリカをはじめとしてイギリス、日本などでも実際の金融政策の策定や金融制度の改革の過程で無視できない役割を果たした。とくに一九八一年にレーガン政権が成立するとともに、アメリカではマネタリズムやサプライサイド（供給重視）の経済学の考え方に基づいて経済政策がとられるようになった。

事実、レーガン氏は大統領候補として三つの公約を掲げた。三年間にわたって三〇％の減税、軍事費の大幅な増大、二年以内に連邦政府予算の均衡——であったが、どう考えても整合的でないように思われる三つの公約は、有名なラッファーの命題を根拠としてつくられたと言われる。また社会保障関係予算を大きく削減しつつあるのも、一つにはサプライサイド経済学に関するフェルドスタインの論文を基礎に置いていると言われる。社会保障年金制度によって民間の貯蓄が半減し、それに伴って企業投資も減少し、それが結局、アメリカの産業の比較優位の低下を招来したというのである。さらに高所得者層を優遇し、低所得者層の負担を重くする減税政策が実行に移されていった。

これらの政策の理論的根拠はもともと薄弱であったが、これらに基づいて採られた政策の現実の結果は、サプライサイドの経済学が誤謬《びゅう》にみちたものであることを明らかにした。レーガン政権の四年間を通じて、ある意味では壮大な実験がなされたと言ってもよいが、その結果は七〇年代に盛んであった反ケインズ経済学の考え方全般に対して、強い疑問符が改めて強調されることになった。

とくに重要な点は合理的期待形成仮説に関して、その基本的枠組みの誤謬が指摘されたことである。合理的期待形成仮説のマクロ経済分析にとって、一九七二年のルーカス論文はもっとも基礎的なものと考えられてきた。ルーカスはそこで、二つの島の寓話という現実的対応をまったく欠いた一つの抽象的な数学モデルをつくり、合理的期待形成仮説を厳密な形で定式化し、その仮説をみたすような解が一意的に存在し、その解について貨幣の中立性条件が妥当することを「証明」したのであった。そしてその「証明」に基づいて、貨幣の中立性という条件の普遍的妥当性を認めようというものであった。理論の前提条件が現実的妥当性をもつか否かについては問題とせず、論理的推論を通じて導きだされた結論の現実的妥当性に焦点を当てようとする、いわゆる実証経済学の立場が貫かれていたのである。

ところが最近、フランスの経済学者ミシェール・グランモンが指摘したように、ルーカスの「証明」には重大な欠陥があって、解の一意性は保証されないことが分かった。この指摘は、合理的期待形成仮説の内部的構造の欠陥にかかわるものであって、その経済学的なインプリケーションは重要である。

ジョーン・ロビンソンが一九七一年に主張した「経済学の第二の危機」は、その後彼女の意図した方向とはまったく反対の歩みをたどって、新しいパラダイム（理論体系）の形成どころか、ケインズ以前の古い新古典派経済学の考え方がさまざまな衣を装って登場することになった。そして現実には、七〇年代から現在にかけて、世界の経済は先進資本主義諸国、発展途上諸国、そして社会主義諸国とを問わず、経済循環のメカニズムの不安定性が顕著となり、いわば不均衡の時代を経験することになった。このときジョーン・ロビンソンの言う経済学の第二の危機はいっそう深刻なものとなるわけであるが、幸い経済学における新しい地平を求めて、すぐれた能力と透徹した洞察力をもった若い経済学者たちが力強く動き出した。そのなかに日本の数多くの若い研究者たちの集団があり、ひときわ目立った存在となっている。

（初出　一九八五年二月一日〜一三日付『日本経済新聞』「経済教室」）

社会的不均衡の理論

ケインズ時代の終焉

一九三〇年代の大恐慌から約半世紀の年月を経て、世界の資本主義諸国は再び大きな転換局面に入った。七〇年代から現時点にかけて、まさに不均衡の時代と呼ぶにふさわしい現象が相次いで起きてきた。失業、価格体系の不安定な動き、国際収支の不均衡、資本の大きな移動、国際的債権、債務の格差増大、投機的行動の顕在化、金融機関の経営不安定化など共通の現象を数多く挙げることができる。しかし、現在の状況をそのまま五十年前と比較はできない。各国政府の対応策も個別的な企業の行動様式も、また国際的な政治的環境もまた大きく変わってきているからである。

このような経済的諸条件の大きな変動は経済学の考え方に対して決定的な影響を及ぼし、その分析的枠組みに根源的な変革を迫っている。一九二〇年の終わりごろから三〇年代前半にかけての資本主義の大変動が、それまでの正統派の考え方であった新古典派経済学に代わって、ケインズ経済学を生み出した。それと同じような意味で、一九七〇年代から現在にかけての資本主義の不均衡は、新しいマクロ経済学の分析的枠組みの展開を必至なものとしている。

ケインズ経済学の基本的視点は明快であった。それは十九世紀の終わりから二十世紀の前半にかけて顕著な形をとって現れた法人資本主義とも呼ばれるべき現象を、一つのマクロ経済分析的な枠組みのなかで理論化するものであった。生産主体が一つの有機体的組織をもち、法人企業として実体的な経済単位を形成するとともに、労働者、金利生活者から構成される家計部門と明確に区別される一つの大きな部門となっていく。

一方では、投資と貯蓄とがそれぞれ企業部門と家計部門という相互に独立し、異なった行動様式をもつ経済主体によって決定され、有効需要が必ずしも完全雇用に一致しない、いわゆる非自発的失業の恒常的発生という法人資本主義特有の現象を呈する。と同時に他方では、これら法人企業に関して、株式市場における評価がその実質的価値と乖《かい》離し、しかも投機的取引によって、その乖離が不安定的に拡大する可能性が存在することになる。この乖離がある閾《いき》値を超えるとき、株式市場におけるパニックが形成され、金融資産市場全体に及び、企業部門における投資の大幅な減少を引き起こし、経済全体について不況的条件が支配することになる。

ケインズは『一般理論』で、現代資本主義という制度的な枠組みのなかにこのような不均衡的状況をつくりだすような条件が存在するということを明確に意識した。そして完全雇用、物価安定という政策的目標をどのようにして達成できるかを模索したのであった。ケインズ主義的な政策体系が往々にして修正資本主義にいわれるのは、このような事情のもとであった。それはまた、マクロ経済学の出発点といわれるにふさわしい、新しい分析的枠組みの形成をも意味していた。

ケインズ理論の欠陥（I）

ケインズの時代は、一九六〇年代の終わりから七〇年代の初めにかけて終焉を迎えることになった。ケインズ経済学がなぜ影響力を失っていったのかについて、その社会的、経済的背景を探ることは興味深いものである。ここではもっぱらその理論的側面に注目することにしよう。

ここでケインズ経済学の理論的内容というとき、一九三六年に刊行された『一般理論』に即して考えることはいうまでもないが、さらに広くヒックスによるケインズ解釈、いわゆるＩＳ・ＬＭ分析を経として、クラインたちの手によって開発された計量経済モデルを緯として展開されたマクロ経済理論を指す。ケインズ経済学の理論前提に関して、六〇年代の終わりごろから特に問題とされるようになった点は次のようなものである。

第一は、生産手段の私有制である。ケインズ経済学が対象とする経済は、純粋な意味における私的企業制度であって、生産のために必要となる希少資源はすべて私的なものであり、市場を通じて交換されるという前提条件がある。これは、私有を認められないが、経済活動にさいして基幹的な役割を果たすいわゆる社会的共通資本の存在を排除するか、あるいは、このような共通資本の存在量が経済活動の規模をはるかに超えて、いわば自由財となっているようなときに限られる。

第二の問題点は、労働雇用に関する前提条件である。労働雇用が可変的で、雇用量はそのときどきの市場の条件に対応して自由に調節することができるという仮定のもとで、議論が進められている。ケインズは『一般理論』のなかで、新古典派経済理論の基本的前提条件を二つの公準に要約した。第一の公準は労働雇用に対する需要に関するもので、労働雇用に対する需要は労働の限界生産が実質賃金に等しくなるような水準に決まってくるというものである。

第二の公準は、労働供給量が労働に伴う実質非効用が実質賃金に等しくなるという条件がある。ケインズは、第二公準を否定して、第一公準のみを前提に「一般理論」を組み立てたが、第一公準すら、現代の法人資本主義体制のもとでは成立しない。

第三の問題は、投資の概念についてである。ケインズの投資概念は固定的な資本形成だけでなく、流動資本に対する投資、つまり在庫投資をも含んだものである。しかも在庫投資は予想されたものだけでなく、予想されざる在庫の変動をも含む。したがって、この前提条件に固執するかぎり、総供給曲線と総需要曲線とが完全に一致することになってしまって、有効需要が不確定となるという結果を生み出す。

ケインズが新古典派理論に対して投げかけた疑問が実は、ケインズ理論自身に対しても向けられるのである。標準的なケインズ解釈はこの点に関してはあまり留意しないまま、投資を主として固定的資本形成に限定することによってこの矛盾を回避してきた。

ケインズ理論の欠陥（Ⅱ）

ケインズ理論に関する第四の問題点は貨幣の概念である。ケインズが『一般理論』で使った貨幣概念は普通の意味における貨幣、すなわち現金通貨残高に当座預金残高を加えたものではない。ケインズ理論がマクロ経済的整合性を保つためには、貨幣概念として、M1（現金プラス要求払い預金）に加えて、市場性の高い短期金融資産の残高を包含したものをとらなければならない。事実、ケインズ自身も『一般理論』の百七十六ページ脚注に述べているように、広い意味における貨幣概念を用いている。

しかし、このような貨幣概念を用いるとき、貨幣供給量はもはや、政策的変数ではなくなってしまう。政策的変数とは、政府ないしは金融当局が経済の内生的変数に対して直接影響を及ぼすことなく、コントロールすることが可能となるような変数を指す。ケインズのいう広い意味における貨幣概念を用いるとき市場利子率、物価水準などに直接影響を及ぼすことなく、貨幣供給量を調節するという金融政策の手段は存在しない。

第五の問題点は価格決定のメカニズムについて、ケインズ理論は必ずしも整合的な分析的枠組みを提供していないことである。第一公準に従えば、物価水準は労働の限界生産が実質賃金に等しくなるように決まってくる。したがって、雇用量の変化は必ず物価水準の変化に対応して起こり、しかも実質賃金の上昇は雇用量の減少を伴うという、ときとして逆説的な現象が起こらざるを得ない。このことは、もともと不均衡分析を標榜していたはずのケインズ経済学がヒックスのIS・LM分析という均衡論的な枠組みのなかで展開されることになってしまったことと無縁ではない。

ケインズ経済学の分析的枠組みがこうした問題点を包含していたことはまた、その政策的な意味合いについてもさまざまな問題点を生み出すことになった。この点に関しては、もっとも中心的な問題だけふれておくことにしよう。それは経済政策の中立性についてである。

ケインズは、現代資本主義における市場機構は基本的には不安定的な性格をもつことを指摘したのちに、中立的な立場にたって資本主義経済を安定化するための制度的改革、経済政策の策定が可能であり、理性主義的な観点からその現実化への道が開けていることを強調した。そしてこのような安定化政策を実際に策定するのは、一般大衆より一段高い立場にたって大局的、長期的な視点から理性的に考察を進めることができるような人々であることを前提としたのである。いわゆる「ハーベイ・ロードの前提」であるが、このような中立的な立場にたった政策を現実に実行に移すことは可能であろうか。戦後四十年間にわたる世界資本主義の発展の形態をみるとき、このことは一つの虚構にすぎないことを示している。

二つの不均衡

一九七〇年代から現在にかけての状況を不均衡の時代と形容したが、それは一九三〇年代の不均衡といくつかの点で根本的に異なった特質をもつ。ケインズ経済学の理論前提の欠陥にかかわる点のうち、もっとも重要なのは社会的共通資本に関するものである。

不均衡というとき、二つの異なる性格をもつカテゴリーに分類することができる。市場的不均衡と社会的不均衡である。

市場的不均衡というのは各財・サービスに対する需要と供給が乖離しつづけて、均衡価格に収れんするようなメカニズムが円滑に働かないときを指す。それに対して、社会的不均衡は社会的共通資本と私的な資本の相対的賦与量が社会的な観点から望ましいと思われる水準から大きく乖離していて、しかも共通資本から生み出されるサービスの配分と新しい共通資本の形成とに関するメカニズムが必ずしもこの乖離を縮小するような方向には動かないときである。

先にふれたように、ケインズ理論のもっとも基本的な欠陥は社会的共通資本の概念自体が分析的枠組みから欠落してしまっていることである。ケインズは『自由放任の終焉』や「孫たちの経済的可能性」のなかで、社会的共通資本の果たす役割の重要性を指摘してはいるが、マクロ経済分析のなかに必ずしも整合的に組み込むという試みをしなかった。一方、新古典派の経済理論は社会的共通資本の概念を積極的に否定し、すべての希少資源を私有化することによって経済全体における資源配分の効率的配分が実現するという公準のもとに、理論体系を組み立ててきた。

ケインズ経済学の限界を超えて、現代的な不均衡現象を解明するには、社会的不均衡について理論的、実証的な観点から分析を進め、その安定性を回復するための手段を求めなければならない。

生産、消費という経済活動のプロセスで必要とされる希少資源のうち、そのような希少資源自体、ないしはそこから生み出されるサービスは国民経済の主体的構成員である市民の基本的権利に重要なかかわりをもつ。そのとき、一般に社会的共通資本として、私的所有ないしは管理を認めず、社会的に管理され、そこから生み出されるサービスは社会的な観点から公正という基準に従って配分される。どのような資源が私的な資源とされ、どのような資源が社会的共通資本とされるのか。このことは、規模の経済とか、固定性とか技術的、経済的な観点からだけで決められるのではなく、主として、社会的、制度的な条件に依存することを改めて強調しておきたい。

社会的共通資本には、基礎教育、医療、基礎的交通手段、道路などの生活関連の社会資本、さらに大気、土壌、河川、海洋、森林などの自然環境も含まれる。これらはいずれも、仮に私的所有あるいは管理が認められたとすれば、実質所得分配の不平等化という面からも社会的にきわめて望ましくないような状況を生み出す。

社会的共通資本の役割

社会的共通資本の経済的役割をどのように理解したらよいだろうか。共通資本から生み出されるサービスは公共財として、通例ポール・サミュエルソンが定式化した純粋な意味における公共財の概念が適用される。この概念は各経済主体が共通資本のサービスをどれだけ使ったとしてもその効率性に影響を及ぼさず、混雑現象を引き起こさないという前提のもとにつくられている。

社会的共通資本の形成、管理には、ときとして膨大な量に上る希少資源の投下を必要とするから、混雑現象が起こらなくなるまで共通資本のストック量をふやすことは現実には考えられない。むしろ、共通資本の経済的分析にとって、もっとも中心的な問題は社会的に最適な混雑度という概念を明確にし、それをどのようにして実現するかというものである。サミュエルソンのように混雑度がゼロであるという前提のもとでつくられた公共財概念を用いるのは必ずしも適切なアプローチとはいえない。

生産、消費という経済活動を営むとき、単に私的資本のサービスだけでなく、社会的共通資本から生み出されるサービスもまた不可欠である。しかも各経済主体がそれぞれの経済的条件のもとで、共通資本のサービスをどれだけ使ったらもっとも望ましいかを選択することができる。しかし、社会的共通資本の賦与量は限られているから、混雑現象が起こり、共通資本のサービスを同じだけ使っても、その効率性は全体の使用量が高まるにつれて低下する傾向をもつ。さらに、共通資本の使用にともなう混雑度は私的資本と共通資本の相対的賦与量に依存する。

私的資本と共通資本の賦与量が所与のとき、どのようなルールに従って社会的共通資本のサービスを配分したらよいだろうか。この問題は共通資本の使用に伴う社会的費用の概念を導入することによって解決される。つまり共通資本のサービスに対して、その使用料金を限界的社会費用に見合う額に決めるとき、共通資本の効率的使用が可能となる。サミュエルソンの公共財は、その限界的社会費用は恒常的にゼロとなってしまう。

共通資本の賦与量が所与のとき、そのサービスの効率的な配分はこのように、限界的社会費用にもとづく価格づけの原則によって解決される。ところが、動学的な配分問題すなわち共通資本の蓄積はどのような基準に従って行なわれるべきであろうか。この問題は限界的社会収益という概念を用いて解かれる。これは共通資本のストック量が限界的に一単位だけふえたときに、現在から将来にかけて私的な便益がどれだけふえるかをみて、それをすべての生産者および消費者について合計する。そして社会的割引率を用いて割引現在価値を計算したものが、共通資本の蓄積にさいして基準的な役割を果たす概念となる。

共通資本と安定性

社会的共通資本の賦与量が相対的に希少化していくとき、社会的不安定性が増大する。つまり社会的共通資本から生み出されるサービスは市民の基本的権利と重要なかかわりをもち、その需要および供給の価格弾力性は低所得者層について一般にきわめて低い。したがって、平均的所得水準が高くなるにつれて、必需的な財の価格は選択的な財の価格に比較して高い率で上昇する傾向をもつ。だから人々が「健康にして文化的な最低限の生活」を営むために最小限必要な所得（ミニマム・インカム）は経済成長に伴って、平均所得より高い率で上昇する。

ミニマム・インカム以下の所得しかない人々の割合は社会的共通資本が相対的に希少なまま、経済成長が起こると年々増加する傾向をもつ。このときミニマム・インカム以下の所得しか得られない人々に対して所得のトランスファー（移転）の形で救済しようとするとき、それに必要な所得の額が年々高い率で増加するという結果を生み出す。このような社会的不安定性に加えて、社会的共通資本の相対的希少化は、価格決定のメカニズム全体に対して不安定化要因を増大させ、市場的不均衡の過程にさらに拍車をかける。

つまり社会的共通資本の賦与量が相対的に希少化するとき、一方では私的資本に関する投資の限界効率表を下方にシフトさせるとともに、他方では私的資本の限界生産のスケジュールもまた下方にシフトすることになる。その結果、私的資本の蓄積のテンポが悪くなり、市場的不安定性が増大する。共通資本の相対的希少化はまたより間接的な形で市場的不均衡を高める結果となる。それは、共通資本が相対的に希少化するに伴って実質的所得の分配が不平等化し、名目的所得水準と実質的生活水準との乖離が拡大する傾向をもつ。

特に金融資産市場における投機的需要が大きくなり、市場的評価が実質的価値から乖離し、その乖離が加速度的に大きくなるといういわゆるバブル現象が発生する傾向が強まる。このことは単に市場的不均衡を高めるだけでなく、社会的不均衡の度合いをも高め、社会的安定性に好ましくない影響を及ぼす。

社会的共通資本から生み出されるサービスの効率的な配分を行なうことによって、社会的安定性を回復し、市場的不均衡を安定化することはどのような意味で可能となるのだろうか。

共通資本の最適な蓄積はいかにあるべきかについて、その理念的な形態を模索することは必ずしも困難ではない。社会的共通資本の果たす役割に関して明確な分析的枠組みを構築し、その社会的、政策的意味を明らかにすることによって、社会的、市場的不均衡の安定化への道を示すことは不可能ではない。このことは、ケインズ経済学を超えて、現代的な状況に照応する理論形成への第一歩にもなるのではないかと思う。

（初出　一九八七年一月一日〜八日付『日本経済新聞』「やさしい経済学」）

過去から未来への課題

学問としての性格

経済学は、社会科学のもっとも重要な分野の一つであるが、その性格を厳密に定義するということは必ずしも容易でない。かつてジョン・ヒックスは経済学を定義しようとしてさまざまな試みをしたがうまくいかず、結局、経済学とは経済学者が興味をもって研究の対象とするものであるという定義に到達したという。それほどまでではないにせよ、経済学の定義は、各経済学者によって、それぞれニュアンスの異なったものであるということは間違いないであろう。しかし、このような多様な経済学像を貫いて共通の理解が存在する。

それは、経済学が、人間の営む経済行為を直接の分析対象とし、現実の経済現象とその制度的な要因を解明するだけでなく、表層的な経済現象の深部にひそむ本質的な諸要因を引き出し、経済社会の基本的な運動法則を明らかにするという知的な目的と、同時に、貧困の解消、不公正の是正、安定的な資源配分を求め、調和のとれた経済発展の可能性を探るという、すぐれて実践的な意図をもあわせもつということである。

経済現象の特質は、一つあるいは複数の社会で、数多くの人々が、お互いに深いかかわりをもちつつ、それぞれの置かれた歴史的、文化的、技術的、制度的な制約条件のもとで、どのような経済行動を選択するかということによって規定される。経済学はこのような意味で、「社会」科学である。他方、それぞれの社会における制度的諸条件を明らかにし、そこに置かれている人間がどのような行動を選択するかということについて、その法則性を科学的な方法によって解明しようとする。経済学はこのような意味で、社会「科学」である。

経済学はこのように、現実の経済現象を科学的に解明しようという知的な努力と、すべての人々ができるだけ豊かな生活を営むことができるようにするためにはどうすればよいかという実践的な要請をもっている。この二面性が、経済学をいっそう魅力的なものとし、また同時にきわめて難解で複雑なものとし、数多くの、時としては矛盾するような考え方、学説を生み出してきた。

経済学の考え方の歴史には、二つの大きな流れが存在していることがわかる。第一の流れは、合理主義的経済学の考え方である。経済を構成する経済主体である個々の人間に関して、その性向、嗜好は絶対的、不変的であって、歴史的、風土的、制度的な諸条件によって左右されない、いわば人間の本性によって規定されるものであるという考え方に基づいている。第二の流れは、人々の行動規範は、さまざまな財・サービスの生産、交換、消費に関する制度的な諸条件によって規定され、またこれらの制度的諸条件が、経済循環の結果によって規定されるという考え方に立つ。生産手段の所有関係に重点を置くマルクス経済学、歴史的な条件を強調しようとする歴史学派、文化的、制度的な諸条件に焦点を当てようとする制度学派はいずれもこの類型に属すると考えてよい。

スミスから、リカード、マルサスへ

経済学が一つの学問分野として確立するようになったのは、一七七六年に刊行されたアダム・スミスの『国富論』に始まるといわれている。

スミスは、労働こそ社会の発展の本源的な力であるという考え方に立ち労働の社会的分業という概念を導入し、自由な市民社会の象徴としての市場的交換の意味するところを明らかにし、さらに、商品、貨幣、資本、産業組織、資本主義的再生産過程、国際貿易に関する理論を展開した。そして、資本主義的な市場経済制度のもとにおける経済循環のプロセスを分析し、さらに進んで、市場経済制度における国家が、どのような機能、役割を果たすべきかということを論じた。『国富論』に、経済学の全体が作り出されているといってよい。

アダム・スミスの名声は、すでにその二十年近くも前に書かれた『道徳感情論』という道徳哲学の書物の著者として、広くヨーロッパに行き渡っていた。スミスは、この書物のなかで、フランシス・ハチスン、デヴィッド・ヒュームの啓蒙思想を敷衍《ふえん》して、同感という概念を使って、人間性の社会的本質を明らかにしようとした。人間性のもっとも基本的な表現は、人々が生き、喜び、悲しむというすぐれて人間的な感情であって、それはまた、個々の個人のみに理解しうるという性格のものではなく、他の人々にとっても共通のものであって、お互いに分かち合うことができるようなものである。このような人間的感情を自由に、高らかに表現することができるような社会が、当時形成されつつあった新しい市民社会の基本原理でなければならないと、スミスは考えたのであった。スミスが、このような同感の可能性を秘めた社会的人間の集団としての市民社会を謳《うた》った道徳哲学の思想家としてまず、その名声を確立したのちに、『国富論』という経済学の古典を著したということは、経済学という学問の性格を理解する上で重要な意味をもつように思われる。

スミスの経済学に対してきびしい批判を加えながら、その経済学をさらに発展させ、いっそう精緻な論理的体系を作り上げ、古典派経済学の全盛期をもたらしたのが、デヴィッド・リカードとロバート・マルサスであった。

スミスが生まれ、活躍したスコットランドは、一七〇七年イングランドとの合邦によって、経済的飛躍を図り、それまでの後進性から脱却し、新しい市民社会が形成されようとする、産業革命前夜の時代であった。リカードとマルサスの時代には、英国の産業革命はすでにその頂点に達し、大きな経済的、社会的変動を経験すると同時に、ナポレオンの大陸封鎖によって英国経済が大きな打撃を受けるという国家的危機に見舞われたときでもあった。リカードは、英国の穀物価格が高くなり、労働者と資本家階級が大きな被害を受けたにもかかわらず、地主階級は逆に利益を受けたことに注目し、分配こそ経済学の主要な関心事でなければならないと考えた。それに反して、マルサスは、人口は等比級数的に増加するのに対して、食料生産は等差級数的にしか増えない。このことによって穀物価格は長期的に騰貴することになると主張した。

マルクスの登場

資本主義発展の歴史は、アダム・スミスの考えていたような予定調和的なものではなく、また、リカードが主張したように、土地制度の改革、穀物法の廃止によって長期間にわたって経済発展を維持することが可能となるようなものでないことを示している。一八二五年の恐慌を契機として、資本主義は同期的な変動を体験することになり、私企業の利潤動機、蓄積意欲によって長期にわたる経済発展が可能になるという古典派経済学の夢は無残に打ち砕かれていった。

一八四八年、ジョン・スチュアート・ミルが『経済学原理』を著して、古典派の定常状態という概念が絶えず変転しながら、新しい文化的創造を続けるという可能性を内に秘めたユートピア的な状態に照応するという主張を展開した。同じ年に、カール・マルクスは『共産党宣言』を発表して、資本家階級と労働者階級の間のまさにその頂点に達しようとする時代的状況を的確に指摘したのであった。

マルクスは、貧困の問題を個別的、偶然的な現象としてではなく、生産と交換に関する制度的条件によって規定される階級相互の間に存在する対立、矛盾からの必然的帰結として理解しようとした。歴史上の各時点で、それぞれの社会の経済的構造を基礎として、政治的、法律的、文化的な上部構造が規定されるという唯物史観に立って、マルクスは資本主義的生産方法を一つの歴史的過程としてとらえ、資本主義経済における経済循環の運動を解明しようとしたのであった。資本家階級は、労働者の生産した産出物のうち、商品としての労働力に対する市場的評価、すなわち賃金を超えた価値を剰余価値として獲得することによって、資本主義的生産と再生産を可能にしていくと考えた。

アダム・スミスは、経済を構成する三大階級——地主、資本家、労働者——がそれぞれ啓発された市民から成り立っていて、自然価格のもとで、これらの三大階級の利害が予定調和的に調整されていると考えた。これに対して、リカードは、地主階級と、資本家、労働者の間に厳しい対立が存在し、そこに新しい産業社会の発展の契機をみたのであった。マルクスはさらに一歩進んで、資本家階級と労働者階級の対立、矛盾、資本主義の基本的性格をみたのであった。マルクスの資本は、資本主義経済の深層にあって、その生産関係を規定する。資本は、貨幣資本↓生産資本↓商品資本↓貨幣資本というように循環的に形を変えて現れる神秘的な概念であって、資本家も単に、貨幣の人格的表現にすぎない。資本の目的は蓄積することであって、そのためにもっとも効果的な手段は、労働の搾取である。労働を最大限に搾取することによって、最大の利潤を獲得して、蓄積せよという至上命令にもっとも効果的にこたえることができる。しかし、資本の蓄積にともなって利潤率低下の鉄則が働き、同時に労働者階級の相対的貧困は深刻になっていく。資本主義体制自体やがて維持することが困難となって、社会主義革命を通じて、新しい体制への移行は歴史的必然となるというのが、マルクスの究極的な結論だった。

一般均衡理論

一八七〇年代に入って、経済学の歴史で革命的な意味をもつ三冊の書物が刊行された。スタンレー・ジュポンズ、カール・メンガー、レオン・ワルラスの三人の経済学者によって書かれたものである。いずれも、古典派経済学が曖昧なまま残していた市場価格決定について、需要と供給との均衡という視点を正面に出して考察を進めたものであった。ある財の市場価格が、その財から得られる限界効用に見合った水準に定まるという考え方に基づいたこの新しい考え方を、時としては限界革命という言葉を用いて表現することがある。

この考え方をもっとも鮮明な形で表現したのは、ワルラスの「一般均衡理論」である。ワルラスの分析は、市場経済制度を構成する主体が、消費者であるにせよ、また生産者であるにせよ、それぞれ一定の主観的価値基準のもとで、合理的にその行動を選択するというもので、すべての財・サービスに関して、需要と供給とが一致するような価格体系が市場で成立するということを中心にして、議論が展開されている。

ワルラスは、純粋交換から出発して、生産、資本蓄積、金融市場の形成、貨幣の役割などについて、一般均衡理論の枠組みのなかで分析を展開したが、基本的には静学的分析にとどまっていた。一般均衡理論の考え方を動学的分析に発展させたのが、アーヴィング・フィッシャーであった。フィッシャーはベーム・バヴェルクの理論を時間選好率という概念を使って明示的に定式化し、貯蓄、投資の理論を構成し、市場の時間的過程を分析するための枠組みの形成を可能にした。

ワルラス、フィッシャーの展開した理論は基本的には、完全競争の条件のもとで、さまざまな希少資源が完全に雇用ないしは利用され、社会的な観点からみて効率的な資源配分が実現するということを示すものであった。とくに完全競争的市場制度のもとで各時点で労働は完全に雇用され、経済成長率もまた社会的に望ましい水準に維持されるというものであった。

このような新古典派経済理論に対して、その現実的妥当性と理論的整合性という二つの観点から決定的な影響を及ぼしたのだが、一九二九年秋、ニューヨーク株式市場の大暴落に始まって、世界のほとんどすべての資本諸国を巻き込んだ大恐慌である。二五%を超える失業率、金融資本のパニック、一万件に及ぶ金融機関の倒産など、アメリカ資本主義史上空前の規模を持つ不況の状態が数年間にわたって続いた。

このような状況のもとで、完全雇用、効率的な資源配分、望ましい経済成長ということを主張する新古典派経済学に対する人々の信頼は完全に喪失してしまった。このときに、新しい分析枠組みを展開して現代資本主義の置かれている制度的諸条件を明らかにし、その実証的、政策的インプリケーションを論じて、経済学に一つの革命をもたらしたのが、一九三六年に刊行されたジョン・メイナード・ケインズの『一般理論』だったのである。

ケインズ革命

ケインズの『一般理論』は、二十世紀前半に刊行された経済学の書物のなかでもっとも大きな影響力をもったものであり、時として「ケインズ革命」という言葉で表現されるように、長く経済学の古典として残ることは間違いないように思われる。しかし、『一般理論』はきわめて難解な書物であって、現在にいたるまで、『一般理論』の意味するところについて、多くの異論が存在するのもおそらく、このためであろう。

ケインズは、現代資本主義のもっとも際立った制度的特徴として、実体的組織としての企業の存在を考えた。私企業は、さまざまな生産要素を使って、なにを、どれだけ作るかということを決定するだけでなく、新しい製品、技術の開発、投資の性格を決定することによって、資本主義経済における経済循環のパターンに大きな影響を及ぼし、さらに経済の発展の方向を規定する。しかも、現代的な企業は、新古典派理論で想定されているような、その時々の市場条件に応じてつくられる生産要素の集まりではなく、有機的構成をもつ、合目的行動をする一つの実体的組織であって、各時点における具体的な構成要素は固定的な生産要素である。

市場経済制度はこのようにして、家計と企業との二つの部門に分けられる。家計部門は、労働を市場に供給して、賃金を得、また、その保有する金融資産に対して利息、配当などを受け取る。各家計の所得は一部分消費に向けられ、残りは金融資産の蓄積、すなわち貯蓄に充てられる。これに対して、企業部門ではなにをどれだけ作るかということと労働その他の生産要素の雇用を決定し、また、固定的生産要素の蓄積、すなわち投資を決める。

ケインズ理論が新古典派理論と対照的となるのは、投資と貯蓄とがこのように、それぞれ、基本的に性格の異なる経済主体によって、それぞれ異なった動機に基づいて決定されるからである。したがって、総供給額と総需要額とが事前に等しくなる保証は存在しなくなって、国民所得、労働雇用量が適当に調節されて、経済全体として、需要と供給が等しくなるような水準、有効需要に見合う経済状態が実現する。有効需要は必ずしも完全雇用水準に見合うものではなく、非自発的失業の発生をみるのが「一般的」となる。有効需要の大きさは、消費性向、投資、政府財政支出によって規定されるが、特に重要な構成要素は政府支出である。

このように、政府の財政・金融政策が、国民所得、雇用量、さらには市場利子率、物価水準に決定的な影響を及ぼすというのが『一般理論』のもっとも顕著な結論の一つであった。しかも、資本主義経済はもはや、新古典派理論の想定していたような自律的安定性をもちえず、政府が絶えず政策的介入をして、完全雇用、物価の安定、望ましい経済成長率の実現などという政策目標を掲げて、安定化政策をとるべきであるというのが、ケインズ理論の主要な帰結でもあった。しかも、ケインズ理論を貫いて流れているのは、理性主義的な財政政策と合理的な金融制度の運営によって、安定的な資源配分、調和的な所得分配を実現することができるという、すぐれて理性主義的な思想であった。

危機を越えて

ケインズが掲げた理性主義的な考え方は、一九三〇年代の終わりごろから六〇年代の終わりごろまで、約三十年間にわたって、経済学の主導的な理念を形成していた。しかし、六〇年代の終わりごろから、世界の資本主義が大きな不均衡の時代に入るとともに、その有効性はとみにうすれ、ケインズ経済学に対する社会的信頼は完全に近いまでに喪失することになってしまった。

その一つの要因は、もともと不均衡過程の動学的分析という性格をもっていたケインズ理論が、第二次世界大戦後の期間に、新古典派の均衡分析の枠組みのなかに組み入れられてしまったということである。第二の要因は、ケインズ経済学が、有用な政策的手段を提供するという体制的な役割を果たすことになってしまい、新しい不均衡の局面に弾力的に対処することができなくなってしまったということにある。

このことをもっとも鮮明に表現したのが、七一年十二月にジョーン・ロビンソンが行ったイーリー講演「経済学の第二の危機」である。ロビンソンはこの講演のなかで、ケインズ経済学がすでに現実的対応をすることができなくなった事情を分析して、効率性、経済成長ではなく、分配の公正、貧困の解消という経済学本来の立場に返って、新しい経済学の分析的枠組みの展開を求めての経済学の努力がなされなければならないということを強く主張した。

しかし、残念なことに、七〇年代を通じて経済学の発展は、ジョーン・ロビンソンが意図したのとはまったく逆の方向に進んでいった。七〇年代の経済学は、合理主義経済学、マネタリズム、合理的期待形成仮説、サプライサイドの経済学など、一見多様な内容をもっているようにみえるが、いずれも、ケインズ以前の新古典派経済学の考え方ないしはその変形を基礎として展開されたものであって、しかもその生成の契機は、ケインズ経済学に対するアンチテーゼを構築するという意図を明白にもったものである。その共通の特徴として、理論的前提条件の非現実性、政策的偏向、結論の反社会性という性格をもち、市場制度の果たす役割について、宗教的帰依感に似たものを強くもっている。そして、政治的、社会的にも無視しえない影響力をもち、一時期には、アメリカの大学における博士論文のテーマの八〇%近くが、多かれ少なかれ、反ケインズ経済学の流れをくむものであったという。

しかし、八〇年代の半ばごろになって、反ケインズ経済学もようやくその限界に達し、経済学に正常な雰囲気が戻ってきた。

新しい経済学の流れを代表するのは、ジョージ・アカロフとジョセフ・スティグリッツの二人の若い経済学者であるが、いずれもジョーン・ロビンソンが「経済学の第二の危機」で示唆した方向と問題意識をもち、新しい分析的方法を使って、経済学の新しい発展の基礎を作りつつある。この流れのなかで特に目立つのは日本の若い経済学者たちの活躍であって、これらの人々の活躍に大きな期待をもつのは筆者だけでないであろう。

（初出　一九八九年一月三日〜九日付『日本経済新聞』「やさしい経済学」）

地球温暖化を防ぐ

病んでいる地球

地球はおそらく全宇宙でただ一つ、生物が生き、美しい自然を形成している天体ではないだろうか。このような環境をつくり出しているのは、地球を覆っている大気のおかげである。太陽から地球の表面に放射されたエネルギーは、大気によって、その放射を阻害される。それが地表の温度を平均化して、摂氏一五度程度に保ち、生物が快適に生きることができるような環境をつくり出している。

この放射を阻害する働きを持つ化学物質の主なものは、水蒸気と二酸化炭素である。とくに二酸化炭素の果たす役割は大きい。大気が存在しなくて、太陽熱がそのまま放射されてしまうと地表の温度は摂氏マイナス二〇度ぐらいにまで下がってしまう。

しかし、産業革命を契機として、大気の自律的な安定化は失われてしまった。産業革命は、新しい技術を使って、大量、大規模な工場生産を可能とし、生産性の急速な向上を実現した。これらの技術は、内燃機関を中心としたものであるが、それはいずれも、石炭や石油など化石燃料を大量に消費することによってはじめて有効に機能し得るものだ。

この化石燃料の大量消費によって、大気中の二酸化炭素の蓄積量は飛躍的に上昇し、地球温暖化の現象を引き起こすことになった。

地表温度を全体としてとらえるものとして、平均大気温度という概念があるが、この百年間に、〇・五度程度上昇していることがわかる。この上昇はとくに、最近十年間に著しい。最近出された気候変動に関する政府間パネル（ＩＰＣＣ）の報告によると、二〇二〇年には、産業革命以前に比べると、約一・八度（一・三―二・五度）上昇すると予測されている。最後の氷河期の終わりから産業革命までの一万年間に、平均気温の上昇は一度程度といわれているから、これから三十年ないし五十年の間における温暖化がいかに大きなものであるかがわかる。

地球温暖化はまず、海面の上昇となって表れる。過去百年の間に、海洋面は約十センチメートル上昇したといわれているが、ＩＰＣＣの報告では、二〇二〇年にさらに三十センチメートル、二〇七〇年には四十五センチメートル上昇すると予想されている。海面の上昇が、自然環境に及ぼす影響は大きく、また人類の生活に与える被害も大きい。人間の生活は直接、間接に水にかかわる面が大きく、都市の多くも河川のほとりか、海の近くにつくられているからだ。

地球温暖化はまた、平均雨量の増加をもたらすが、地域によっては砂漠化現象が起こるところも予想されており、農業に致命的な打撃を与えることになるであろう。温暖化によって引き起こされる被害は全地域に及び、単に現在の世代だけでなく、将来の世代すべてを巻き込むことになるであろう。

炭素循環のサイクル

前項で説明したように、地球温暖化の主な原因は、化石燃料の大量消費によって、大気中の二酸化炭素の濃度が異常に高くなってきたことである。この現象は、産業革命に始まったのであるが、とくにこの十年間（一九八〇―八九年）の傾向が著しい。

この地球温暖化という現象を理解するために、地球表面の炭素循環のサイクル（Global Carbon Cycle）をみてみる必要があろう。地球の表面には、三つの大きな炭素のレゼボァールが存在する。大気圏、海洋面（七十五メートルの深さまで）、陸上生物圏の三つで、大体同じ程度のキャパシティーを持っている。人によってかなり大きく異なった推計がおこなわれているが、大気圏には七千億—八千億トン、海洋面には約七千億トン、陸上生物圏には七千五百億—八千億トンの炭素が蓄積されている。

陸上生物圏のうち、植物は光合成による炭酸同化作用を通じて、大気中の二酸化炭素を吸収するが、年に約六百億トン（炭素含有量での推計値）に上ると推計されている。他方、動物の呼吸作用、動植物の腐食によってほぼ同じ量の二酸化炭素を発生している。また、大気圏と海洋面との間にも年に七百五十億—九百億トンに上る炭素の交換がおこなわれているが、ほぼ均衡していると考えられている。この三大炭素圏の間におこなわれている炭素の交換にはわずかな誤差が存在するが、火山活動などによって相殺されている。産業革命以前には、このように地球表面に存在する二酸化炭素の量はきわめて安定的であり、地表の気温を適当に調節していて、生物が生存するのに適した気候と自然環境をつくり出していた。

この地表面における炭素循環は数十年から百年程度の時間的規模でおこなわれてきたが、実は、地中深くにはずっと大きな量に上る炭素が埋蔵されている。地殻を構成する化学物質のうち、炭素は約〇・〇五%を占めるといわれているが、地表面との間の炭素交換は数百万年から数億年に上ると考えられている。

ところが、この炭素循環の均衡は産業革命によって大きく崩れることになった。現在、化石燃料の消費によって、年々五十億—六十億トンの二酸化炭素が大気中に排出されている。しかも、この三十年間の排出量が大きい。大気中の二酸化炭素の濃度は、産業革命以前には二八〇ＰＰＭ程度であったのが、現在では約三五〇ＰＰＭで、この二百年間に二五％増加していることになる。

化石燃料は、数千万年ないし数億年前に地表面に生存していた動植物が腐食して、地中深く埋蔵されて生成されたものである。これらの炭素を大量に発掘して、大気中に二酸化炭素の形で放出しているわけで、地表面における炭素循環のプロセスに大きな不安定要因を持ち込む。大気中における二酸化炭素の不安定な蓄積はさらに、森林、とくに熱帯雨林の大規模な伐採によって加速化されつつある。世界全体で、森林は約二十億ヘクタール存在するが、熱帯雨林の破壊だけで、年々二千万ヘクタールを超えると推計されており、その地球温暖化の効果は、化石燃料の消費の三分の一に上るとみられている。

社会的共通資本の理論

温暖化の現象を経済学的な観点から考察しようとするとき、その中心的な役割を果たすのが、社会的共通資本（Social Common Capital）の理論である。

大気は、適切な化学的構成をもって、地球の表面を覆うことによって、生物が生存するのに適した自然環境を形成している。大気の存在によって初めて、人間の存在、そのすべての活動が可能になる。しかも、大気は特定の国、ないしは個人に分属されることなく、社会にとって共通の財産となっている。このように、個々の経済主体に分属されることなく、一つの国ないしは社会にとって共通の資産として社会的に管理されているような希少資源を経済学では、一般に社会的共通資本という概念でとらえている。

大気をはじめとして、水や河川、森林、土壌、海洋などの自然環境はもちろん社会的共通資本の構成要因である。社会的共通資本はこのほかに、堤防や道路、港湾、上下水道、電力、鉄道などといういわゆる社会資本をも含む。また、司法や教育、医療の諸機関、さらには広く都市のインフラストラクチャー（社会基盤）もまた社会的共通資本と考えられている。

社会的共通資本は一般に、そこから生み出されるサービスが、市民の基本的生活の充足に関して重要な役割を果たし、社会を構成する基幹的な存在となっているものが多い。そして、社会的共通資本から生み出されるサービスは、市場を通じて取引されるものではなく、なんらかの意味で社会的基準にしたがって供給、分配されるものである。この社会的共通資本のネットワークのなかで、人々の自由な活動がおこなわれ、さまざまなものが生産され、市場を通じて交換され、人々の生活が営まれている。このような意味で、市場経済が円滑に機能するか否かということは、どのような社会的共通資本のネットワークが存在しているかということと密接にかかわってくる。社会的共通資本はその性格からみて、市場で取引されないため、それ自体ないしは、そこから生み出されるサービスをどのように評価したらよいかという問題が起きてくる。この問題に対して、解決を与えるのが、帰属価格（Imputed Price）の理論である。

帰属価格の概念はもともと、一八七〇年代に、カール・メンガーが、新古典派経済学の構築を試みたときに、その中心的な概念として導入したものである。生産要素ないし生産物の価値を、最終的な消費のプロセスを通じて生み出される効用の大きさから帰属して（Impute）求めようとしたものであった。

そして、完全競争的な市場において形成される市場価格が帰属価格と一致するという命題を導き出すことによって、市場機構の社会的最適性を検証しようとしたのであった。

社会的共通資本に関しては、メンガーの帰属理論を動学化して、将来の世代に及ぼす影響を考慮に入れなければならない。すなわち、社会的共通資本の価値を、現時点における限界的な減少が将来の世代にどれだけの被害を及ぼすかということによって測る必要がある。

二酸化炭素の帰属価格

大気が社会的共通資本の重要な構成要因であることを指摘したが、その価値は帰属価格の概念を用いて測ることができる。また、二酸化炭素などの温室効果ガスについても、その蓄積が社会的共通資本としての大気の価値をどれだけ低下させるかということによって、その帰属価格（正確には帰属費用というべきかもしれない）を測ることができる。

すなわち、現在時点において大気中の二酸化炭素の蓄積量が限界的に一トン増えたときに、将来の世代にどれだけの被害を与えるかを推計して、適当な割引率によって、その割引現在価値をとったのが、二酸化炭素一トン当たりの帰属価格である。

このように、帰属価格の概念は将来の世代の効用指標に依存する。いま仮に、効用指標としてある基準年度のもとにおける価格体系で測った一人当たりの実質国民所得水準をとり、また大気中の二酸化炭素の蓄積による影響が、所得水準に比例的であるという前提を設けて議論を進めることにしよう。さらに、地球の温暖化によって将来の世代に及ぶ被害は現時点における二酸化炭素と強い相関関係を持っているとすれば、各時点tにおける二酸化炭素の帰属価格P_tは、その時点における一人当たりの国民所得水準Y_tに近似的に比例的となることが示される。すなわち、式(1)となるような定数θが存在することがわかる。この定数θを帰属係数(Imputation Coefficient)と呼ぶことにすれば、適当な前提条件のもとで式(2)のような公式を導き出すことができる。

$$\frac{P_t}{Y_t}=\theta \qquad (1)$$

$$\theta=\frac{\beta}{\delta+\mu}\,\frac{N_t}{\hat{V}-V_t} \qquad (2)$$

ここで、δは社会的割引率（五％程度）、μは、年々海水面によって吸収される大気中の二酸化炭素の割合（産業革命当時の二酸化炭素の蓄積量を超えた分に比例して吸収されると考えられていて、二―四％と推定されている）、βは、人々が地球温暖化の影響をどの程度深刻に受け止めているかということを表す指標である（$0 < \beta < 1$）。

また、N_tは世界の総人口（五十二億人）、$\hat{V}$はクリティカルな二酸化炭素の蓄積量（産業革命当時の約二倍、一兆二千億トン程度と考えられている）、V_tは現時点における二酸化炭素の蓄積量（七千億―八千億トン程度）である。もし仮に、地球温暖化の影響を人々がほとんど無視しているという極端な場合をとったとし、$\beta = ○・○一$程度であるとすれば、帰属係数θは○・二％ほどとなる。

このθにもとづいて、二酸化炭素の帰属価格を試算してみると、日本、米国はどちらも三十ドル、カナダが二十四ドル。それに対して、インドネシアは○・八ドル、マレーシアは一・五ドルとなる。一人当たりの額でみると、日本は五十四ドル、米国は百二十ドル、カナダは百八ドル、インドネシアが○・六ドル、マレーシアが五・四ドルとなる。

森林の帰属価格

前項は、二酸化炭素について、その帰属価格の大きさを試算した。同じような考え方は、森林についても適用される。

成長期にある森林は、ネットでみて、大気中の二酸化炭素を吸収して、地球温暖化の抑制に貢献している。このとき、森林の帰属価格は、一ヘクタール当たり、年々どれだけの二酸化炭素を吸収しているかということによって決まってくる。いま、ある時点における森林の帰属価格を一ヘクタール当たりQ_tとすれば、一人当たりの国民所得Y_tに比例的となることが、前項と同じような前提条件のもとで示される（式(3)）。ここで、森林の帰属係数に関しては式(4)が成立することが簡単に示される。

ただし、δは社会的割引率（五％程度）、θは二酸化炭素に関する帰属係数、γは、森林一ヘクタール当たり年々吸収される大気中の二酸化炭素の量である。この係数γの値は、森林の種類によって異なるが、温帯林については五トン、熱帯雨林については十五トン程度であると推定される。したがって、温帯林については、その帰属係数η＝〇・二、熱帯雨林についてはη＝〇・六程度となるであろう。

森林一ヘクタール当たりの帰属価格を試算してみると、日本と米国は三千ドル、カナダは二千四百ドル、インドネシアが二百四十ドル、マレーシアが千八十ドルとなる。一人当たりについてみれば、日本四・八ドル、米国十九ドル、カナダ六十五ドル、インドネシアは一・一ドルの赤字、マレーシアは十四・六ドルの赤字となる。

このように、化石燃料の消費に対して、二酸化炭素の排出量に応じて、帰属価格によって評価された額を賦課し、他方、森林の育林活動に対しては、その帰属価格に見合う額を補助金として給付する。大気中における二酸化炭素の蓄積を安定化し、長期的な観点からみて、最適な水準に近づくようにすることが可能となる。

$$\frac{Q_t}{Y_t} = \eta \qquad (3)$$

$$\eta = \frac{\gamma}{\delta}\theta \qquad (4)$$

しかし、地球温暖化の問題を解決するためには、メタンガス、フロンガスなどの温室効果ガスについても、二酸化炭素と同じように、帰属価格を計算して、温暖化に伴う社会的費用を個々の経済主体の経済計算に組み込むようにしなければならない。これらの温室効果ガスの温暖化効果は、二酸化炭素を一とするとき、つぎのように推計されている。

メタンガス六八・六、亜酸化窒素六〇、フロンガス六四〇〇。

このうちフロンガスについては単に温暖化効果だけでなく、成層圏のオゾン層を破壊するという恐ろしい力を持っている。とくに白色人種の間で皮膚ガンの発生を高めるという効果を持つ。一九八七年、モントリオール会議で、フロンガスの生産、使用を実質的に禁止しようという決議が採択されたのもこのためである。

大気安定化へ国際基金を提唱

前項まで、大気中における温室効果ガスの蓄積を長期的にみて、最も望ましい水準に抑え込むために、どのような方法が理論的に可能かということを簡単に述べてきた。

そこで導入された帰属価格の概念は、伝統的な帰属価格とは基本的に異なる面を持っている。それは、単に資源配分の動学的効率性という視点だけでなく、国際間の公正という視点が取り入れられているからである。

普通、社会的共通資本の帰属価格というとき、すべての地域についても、またすべての経済主体についても同一の価格がつけられるということが重要な条件となっている。したがって、二酸化炭素の帰属価格というとき、もし、日本や米国で一トン当たり三十ドルであるとすれば、インドネシアやフィリピンでも同じ三十ドルという価格にもとづいて、二酸化炭素を排出する経済活動に賦課されなければならない。

インドネシアやフィリピンでは、一人当たりの二酸化炭素の排出量は、日本、米国に比べてはるかに少ない。しかし、一人当たりの国民所得を比べてみると、日本や米国の一万五千ドルに比較して、インドネシア四百ドル、フィリピン五百ドルときわめて低い。このような国々に対しても、先進工業諸国と同じ額の帰属価格にもとづいて、化石燃料の消費に対して賦課されると、これらの国々の経済発展のプロセスに決定的な阻害要因となってしまうことは言及するまでもない。ここで導入された帰属価格の概念は、一人当たりの国民所得に比例させて決めようとするものである。

一方では先進工業諸国における化石燃料の消費を効果的に抑制し、他方では発展途上諸国に対する阻害要因を最小に抑えるのが狙いである。

このような帰属価格を用いるとき、短期的にみて、多少は資源配分の非効率性という結果を生み出さざるを得ないが、長期的には、大気中における温室効果ガスの蓄積が、経済成長との関係において最適な水準に安定的に保たれるという結果を生む。

しかし、先進工業諸国と発展途上諸国との間の経済的格差はあまりにも大きく、ここで導入したような帰属価格の概念を用いても、その格差を解消することはできない。

このために最も効果的な制度として考えられるものの一つとして、「大気安定化国際基金」（International Fund for Atmospheric Stabilization）の構想が、近年とくにＥＣ諸国の経済学者の間で検討され始めている。この基金は、各国が徴収した「炭素税」の収入から、森林の育林に対して支払われた額を差し引いた額のうち、ある一定割合、たとえば一〇％を、「国際基金」に納める。その集まったカネは発展途上諸国に対して、一人当たりの国民所得水準と人口の大きさによって、配分する。各発展途上国は、その配分額を熱帯雨林の維持、代替技術の開発などの目的に使うことによって、一方では経済発展のテンポを速めるとともに、自然環境の保全を図るのである。

（初出　一九九一年一月三日～一一日付『日本経済新聞』「やさしい経済学」）

ケインズ主義を問う――崩れた「一般理論」の政治思想

政策の理念に理想主義貫く

ケインズの考え方は、『雇用・利子および貨幣の一般理論』の最終章に明快に述べられている。現代資本主義制度における資源配分は必ずしも効率的ではなく、またそのときの所得分配は公正なものではない。経済循環のメカニズムもまた安定的ではなく、歯止めのないインフレーションに非可逆的な形で突入するか、あるいは大量の非自発的失業の発生をみるかという二者択一的な危険に直面せざるを得ない。

現代資本主義が安定的に調和のとれた形で運営されるために、政府が様々な形で経済分野に関与しなければならないという、いわゆるケインズ主義の考え方を主張したのであった。このとき、所得分配の平等化という古典的な政策目標だけでなく、労働の完全雇用と経済活動の安定化という要請に応じて、政府は財政・金融政策を弾力的に運用する必要のあることをケインズは繰り返し強調した。

ケインズがその一生を通じて追求していったのは、理性的な財政政策と合理的な金融制度に基づいて、完全雇用と所得分配の平等化を実現することが可能であるという、優れて理性主義的な立場であった。この理性主義的な考え方が単なる幻想に終わるものではなく、経済的、社会的、財政的制度の進化の法則に適合するものであって、網の目のように張りめぐらされた既得権益の構造のなかに埋没されるものであってはならないというのがケインズの信条でもあった。

有効需要とバブル形成論

この理性主義的な政策理念を高々と掲げて、新しい経済学の考え方を展開していったケインズが亡くなってから、半世紀の年月が流れた。この間に、経済分析も急速な発展を遂げ、ケインズ主義の持つ意味も大きく変わった。しかし、ケインズが持っていた理性主義的な政策理念と調和的進歩の可能性とは現在もなお経済学を学ぶ私たちに対して、思想的共感と論理的確信を与えている。

ケインズは現代資本主義の特徴を、企業と家計部門との間の緊張関係と、実物資産と金融資産との間の市場的対立という二つの制度的要因としてとらえた。企業が単なる生産要素の集合体ではなく、一つの有機体的構成を持つ実体的経営組織で、その構成要因は固定性の高い生産要素である。

したがって、投資と貯蓄とがそれぞれ企業と家計という基本的に異なる組織形態を持ち、異なる動機をもつ経済主体によって決められ、アプリオリ（先天的に）に一致する性格のものではない。供給は需要を生み出すというセーの法則はもはや妥当せず、総供給額と総需要額とが等しくなるような水準——有効需要——は一般に完全雇用に対応するものではなく、非自発的失業の発生が通常の状態となる。有効需要の理論である。

第二の制度的特徴について、ケインズは次のようにとらえた。企業の構成する実物的生産要素は主として高い固定性を持つ半面、企業の発行する株式、負債などの金融資産は、高度に発達した金融資産市場で高い流動性を付せられて、自由に売買される。このとき、企業の発行する株式、負債に対して金融資産市場で形成される市場価格は必ずしもそれらの実質価値を反映するものではなく、この間に大きな乖離が存在するのが一般的となる。

このようにして、企業部門における生産条件の固定性と、企業の発行する株式、負債の流動性との間に存在する緊張関係は、市場価格と実質価格の乖離という形をとって発現され、現代資本主義における経済循環過程におけるもう一つの不安定要因を生み出す。

現代資本主義における経済循環過程を、この二つの基本的視点のもとにとらえたのは言うまでもなく、一九〇四年に刊行されたソースティン・ヴェブレンの『営利企業の理論』である。ヴェブレンは、のちに制度学派と呼ばれるようになった経済分析の枠組みのなかで、現代資本主義の制度的要因を詳しく分析して、有効需要の理論とバブル形成の理論という二つの分析的視点に集約したのであった。

ケインズは、一九三六年に刊行された『一般理論』で、その四半世紀前、ヴェブレンが『営利企業の理論』で展開したのとほぼ同一の分析的視点に基づいていて、現代資本主義における経済循環の不均衡過程の不安定性を論じた。しかも、『一般理論』の全編を通じて、ヴェブレンの著作に対する引用は皆無である。この点、奇異に思う読者も少なくないかもしれない。

しかし、ヴェブレンの著作は難解、晦渋《かいじゅう》な文章をもって書かれていて一般の経済学者にとって理解することが必ずしも容易ではないし、さらに、ケインズはヴェブレンの制度学派的分析にあまり大きな関心を持っていなかったことにも、その一因があるように思われる。

ハーベイ・ロードの前提

しかし、なによりも大きな要因は、ケインズの政治思想的立場が、のちに、ロイ・ハロッドによって、「ハーベイ・ロードの前提」（ハーベイ・ロードは、英国のケンブリッジにある閑静な住宅街の名前で、ケインズが生まれ育った場所。ハーベイ・ロード六番地には、いまもケインズの甥《おい》のリチャード・ケインズが住んでいる）。「ハーベイ・ロードの前提」という言葉は、ケインズのケンブリッジ時代の若い友人によってつくられたブルームズベリー・グループの考え方をハロッドが要約してつくったが、ケインズが終生持ち続けた政治思想でもあったのである。

ハロッドが「ハーベイ・ロードの前提」と呼んだ考え方の中心は、英国の政治は、少数の「知的貴族」によって理性的説得の手段を通じて支配されてきたし、将来もそうなるであろうとの主張であった。英国を支配する政治は、選挙で選ばれた国会議員たちでもなく、また政府官僚でもない。

ケンブリッジ、オックスフォードというエリート大学を卒業して、知的職業に従事している一般大衆より優れた知性を持つ「知的貴族」が、英国全体の利益を考えて、また将来の子孫への影響をも十分考慮に入れて、政治的な決定を行ってきた。このことによって、英国は過去においてすばらしい政治的、経済的発展を遂げてきたというのが、「ハーベイ・ロードの前提」の政治思想だったのである。

ケインズが、自由主義者とリベラリストとの違いを説明した有名な講演がある。窮乏と飢餓に苦しむ村を見て、自由主義者はこう言う。「確かに大変だ。しかし、何もすることはできない」。それに対して、リベラリストは「この困窮を救うために何かしなければならない」。ケインズは政治的な意味でリベラリストを自認していたが、あくまでも「ハーベイ・ロードの前提」の域を出なかった。

後年、ミルトン・フリードマン、ジェームズ・ブキャナンなどのいわゆる自由主義派の経済学者たちが、ケインズの経済思想に対して執拗なまでに批判、中傷したのも、ケインズ経済学の分析的な枠組みに対するというより、ケインズの持っていた「ハーベイ・ロードの前提」に対して向けられていたと言っても過言ではないように思われる。

ハロッドがいみじくも予見したように、英国における「ハーベイ・ロードの前提」は、ケインズの死後五十年経ったいま、ほとんど跡形もなく消え去ってしまった。それは、大英帝国の崩壊過程と無縁ではないが、「ハーベイ・ロードの前提」の担い手である「知的貴族」が、その知性、感性、そして人間性という観点から一つの虚構にすぎないことがだれの目にもわかるような形で明らかになっていったことも、無視し得ないように思われる。

ひるがえって、日本の場合、かつて「ハーベイ・ロードの前提」の担い手と自負していた上級官僚たちが、知的、社会的、そして人間的にも多くの問題を含んでいるということが明らかにされつつあるのをみて、私は一抹《いちまつ》の感慨を持たざるを得ない。

（初出　一九九六年四月八日付『日本経済新聞』「経済教室」）

二十世紀とは何だったのか——終焉迎えた「主義」の概念

時代を象徴する二つの回勅

二十世紀は戦争と革命の世紀と言われ、また都市化と工業化の世紀とも言われてきたが、経済学の立場から見ると、それは資本主義と社会主義の世紀と言えるであろう。資本主義と社会主義という二つの体制概念の間に形成された緊張、対立関係によって、二十世紀を彩るさまざまな経済的、社会的、政治的、文化的、そして軍事的事件が展開されてきたと同時に、二十世紀の終焉とともに、この二つの体制概念はその歴史的役割を終えて、本質的な変質過程ないしは崩壊過程に入りつつあるからである。

このような視点から、二十世紀の歴史的意味を象徴的に表す二つの文書がある。一八九一年に出された「レールム・ノヴァルム」とその百年後に出された新しい「レールム・ノヴァルム」の二つの回勅である。

第一の「レールム・ノヴァルム」は、一八九一年五月十五日、時のローマ法王レオ十三世が出した回勅である。回勅とは、ローマ法王が重要な事柄についてローマ教会の正式の考え方を全世界の司教に通達する文書を指す。一八九一年に出された回勅のタイトル「レールム・ノヴァルム」はラテン語で「新しいこと」という意味で、時としては「革命」と訳されることもある。

レオ十三世は「レールム・ノヴァルム」の中で、十九世紀もその最後のデケード（十年）に入ろうとするとき、世界の先進工業諸国がいずれも深刻な社会的、経済的、政治的問題を抱えていることを指摘し、新しい二十世紀に向かってより人間的、協調的世界をつくるための心構えを示した。

この第一の「レールム・ノヴァルム」の基本的な考え方は、そのサブタイトルとして用いられた「資本主義の弊害と社会主義の幻想」という言葉に如実に表れている。

レオ十三世は「レールム・ノヴァルム」の中で、欧州をはじめとして世界中いたるところで、いわゆる先進工業諸国がいずれも資本主義という制度の下で、ごく少数の資本家階級が富の大部分を私有して、「飽くことを知らないまでに貪欲《どんよく》に自らの利益を求めて」行動し、その結果、労働者をはじめとして一般大衆は徹底的に搾取され、貧困に苦しみ、悲惨な生き方を強いられていることを指摘している。

しかし同時に、多くの人々は、社会主義に移行することによって貧困と社会的不公正の問題は解決され、より人間的、調和的社会が実現すると思っているが、それは単なる幻想に過ぎないことを強く警告したわけである。社会主義の下では人々の自由は失われ、その人間的尊厳は傷つけられ、市民の基本的権利は無視されざるを得ないことを指摘している。

そして、人間的尊厳が守られ、市民の基本的権利が最大限に確保されるような社会は、人々の協同的、協調的性向が十分に発揮できるような経済、社会体制の下で初めて実現するものであることを繰り返し強調したのである。

社会主義の弊害と資本主義の幻想

「レールム・ノヴァルム」が、欧米をはじめ世界の多くの国々に大きな影響を与え、協同精神を唱えて、カトリック系の新しい労働運動も始まったことは周知の通りである。

第一の「レールム・ノヴァルム」が出てからちょうど百年後、一九九一年五月十五日、新しい「レールム・ノヴァルム」がヨハネ・パウロ二世によって出された。新しい「レールム・ノヴァルム」の主題は「社会主義の弊害と資本主義の幻想」と名付けられている。

一九一七年、レーニンの指導の下にロシア革命が起こり、世界で初めて社会主義国家、ソビエト連邦が成立した。ソ連は十五の共和国から構成され、世界の陸地面積の六分の一を占め、人口三億人という巨大国家であった。ソ連は一九九一年八月に崩壊することになるが、それまで七十年間にわたって、世界の社会主義国の上に君臨していた。

ロシアで最初の社会主義国家が成立したとき、世界の心ある人々は、長い間の社会主義の夢が実現したことを喜び、新しい人間的な社会に向かって人類の歩みが始まったように思った。ところが、ソ連社会主義七十年の歴史は、このような期待がむなしい幻想に過ぎなかったことを示し、社会主義に対する人々の信頼を無残に打ち壊してしまった。レオ十三世が「レールム・ノヴァルム」で警告した通りになってしまったわけである。

ソ連社会主義の下では、労働者階級の立場を代表する共産党がすべての国家権力を掌握し、人々の生活を完全に管理していた。共産党が指導して、国全体についての経済計画が立てられ、社会主義建設のためにすべての人民が奉仕するということになっていた。

しかし現実には、市民の基本的権利は無視され、個人の自由は完全に剝奪《はくだつ》され、人間的尊厳は跡形もなく失われてしまった。特に、狂気に陥った独裁者スターリンの支配下、ソ連全土が巨大な収容所と化し、何百万人という無実の人々が処刑されたのである。

リベラリズム、社会の基礎に

新しい「レールム・ノヴァルム」は、二十世紀の世紀末に立つ私たちが直面する問題を「社会主義の弊害と資本主義の幻想」としてとらえ、この二つの経済体制の枠組みを超えて、リベラリズムの思想に基づいて新しい世紀への展望を拓《ひら》こうとするという意味で、感動的な回勅である。

リベラリズムの思想は、一言で言うと、人間の尊厳を保ち、市民的自由を守るということを基本に物事を考え、行動することを意味する。決して政治的権力、経済的富、宗教的権威に屈することなく、一人ひとりが人間的尊厳を失うことなく、それぞれが持っている先天的、後天的な資質を十分に生かし、夢と希望とが実現できるような社会を造り出そうというのが、リベラリズムの立場である。

資本主義と社会主義という二十世紀を支配してきた二つの考え方を超えて、リベラリズムの立場を貫き通すのが「制度主義」の考え方である。制度主義というのは、一つの国の置かれている歴史的、社会的、文化的、自然的な諸条件を十分考慮して、すべての国民が人間的尊厳を保ち、市民的自由を守ることができるような制度をつくることを意味する。

制度主義の経済制度は、社会的共通資本が具体的にどのように用意されているか、そして、さまざまな社会的共通資本がどのような形で管理、維持されているかということによって特徴づけられる。現代社会における経済活動は、それぞれの社会の基本的条件を規定する社会的共通資本のあり方によって大きく左右される。

社会的共通資本は、一つの国ないし特定の地域が、豊かな経済生活を営み、優れた文化を展開し、人間的に魅力ある社会を持続的、安定的に維持することを可能にするような社会的装置を意味する。社会的共通資本は原則として、私有ないしは私的管理が認められないような希少資源から構成され、社会全体にとって共通の財産として、社会的な基準にしたがって管理・運営される。

社会的共通資本の具体的な構成は先験的あるいは論理的基準にしたがって決められるものではなく、そのときどきにおける自然的、歴史的、文化的、経済的、社会的、技術的諸要因に依存して決められる。社会的共通資本は結局、分権的市場経済制度が円滑に機能し、実質的所得分配が安定的となるような制度的諸条件を整備しようとするもので、ソースティン・ヴェブレンが唱えた制度主義の考え方を具現化するものである。

教育、医療をはじめとして、重要な社会的共通資本が安定的に維持、管理され、そのサービスが社会正義にかなった形で国民の一人ひとりに供給されるような制度の実現を目指すことが、経済学者が直面する最大の課題であると言ってよいであろう。


（初出　一九九七年九月一日付『日本経済新聞』「経済教室」）

日本経済を社会的共通資本から考える

経済活動を大きく左右

現代社会における経済活動は、日本はもちろんのこと、それぞれの社会の基本的条件を規定する社会的共通資本のあり方に大きく左右される。社会的共通資本は、一つの国ないし特定の地域が、ゆたかな経済生活を営み、すぐれた文化を展開し、人間的に魅力ある社会を持続的、安定的に維持することを可能にするような社会的装置を意味する。社会的共通資本は社会全体にとって共通の財産として、社会的な基準にしたがって管理、運営されるものである。

社会的共通資本の多くは、私有ないしは私的管理が認められないような希少資源から構成されるが、効率的な運営という観点から、私有ないしは私的管理の形態をとった方が望ましい場合も少なくない。いずれにしても、社会的共通資本の管理、運営は市場的基準、あるいは官僚的基準のみによって決められるべきものではなく、あくまでも、一人ひとりの市民の人間的尊厳を守り、魂の自立を保ち、市民的自由が最大限に確保できるような社会を形成するという視点に立って行なわれるものである。

社会的共通資本はこのように、純粋な意味における私的資本ないしは私的希少資源と対置されるものであるが、その具体的な構成は先験的あるいは論理的基準にしたがって決められるものではなく、そのときどきの自然的、歴史的、文化的、経済的、社会的、技術的諸要因に依存して、政治的なプロセスを経て決められる。このような意味で社会的共通資本の概念は、ソースティン・ヴェブレンのいう制度に対応するものであるといってよい。

社会的共通資本は、一つの国ないしは社会が、自然環境と調和し、すぐれた文化的水準を維持しながら、持続的な形で経済的活動を営み、安定的な社会を具現化するための社会的安定化装置といってもよい。

社会的共通資本はまた、分権的市場経済制度が円滑に機能し、実質的所得分配が安定的となるような制度的諸条件を整備しようとするものである。社会的共通資本という概念は、現行の経済学の教科書にはほとんどふれられていないが、一九三〇年代までの教科書には必ず、Social Overhead Capital にかんしてかなり大きな一章がもうけられていた。たとえば、そのころのもっとも標準的な入門書であるタウシッグの教科書がそのよい例である。社会的共通資本は、この Social Overhead Capital の概念を一般化したものであるといってよい。

制度主義の考え方を具現化

社会的共通資本はもともと、二十世紀の初頭、米国の生んだ偉大な経済学者ソースティン・ヴェブレンが唱えた制度主義の考え方を具現化したものである。ヴェブレンは、資本主義と社会主義の機能を詳細に分析して、どちらの経済体制も深刻な欠陥と矛盾を含んでいることを明らかにした。そして、制度的諸条件によって具体的な経済活動のあり方が規定され、経済発展の形態と特質が決められてゆくメカニズムを分析し、また経済発展の結果として、制度的諸条件がどのように進化してゆくかを解明するのが経済学だと考えた。

ヴェブレンの考え方は、制度学派の経済学として、経済学に新機軸をもたらすことになり、二十世紀前半の米国の諸大学における経済学の中心的な役割を果たしてきた。社会的共通資本の概念は、ヴェブレンの制度主義の理念を具体的な形に表現するものといってよいわけである。

ヴェブレンに始まる制度学派の経済学の考え方は、進化論的経済学とも呼ばれ、現在にいたるまで、重要な役割を果たしつづけている。ヴェブレンの考え方をもっとも明確に表現しているのは、次のアーロン・ゴードンの文章である。

「すべての経済行動は、その経済主体が置かれている制度的諸条件によって規定される。と同時に、どのような経済行動がとられるかによって制度的諸条件もまた変化する。この制度的諸条件と経済行動の間に存在する相互関係は、進化のプロセスである。環境の変化にともなって人々の行動が変化し、行動の変化はまた、制度的諸条件の変化を誘発することになり、経済学に対する進化論的アプローチが必要になってくる」(『現代経済学における制度的要素』一九六三年)

ヴェブレンの考え方はまた、同じシカゴ大学の教授であった哲学者ジョン・デューイのリベラリズムの思想に深く影響されている。デューイとヴェブレンとは、奇しくも同じ年に、エール大学で哲学博士の学位を受けたが、創立間もないシカゴ大学にあって、それぞれ哲学、経済学の分野で、二十世紀前半の米国の諸大学における学問的、思想的展開に決定的な影響を与える研究を行なった。

デューイとヴェブレンはともにしばらくして、シカゴ大学を去ることになったが、それから二十年後、力を合わせて、ニューヨークのニュー・スクール・フォア・ソシヤル・リサーチというリベラリズムの象徴ともいうべき大学の設立に尽力したことはよく知られている。

リベラリズムの視点重要

ジョン・デューイはプラグマティズムの哲学者として知られているが、私は、デューイの思想はリベラリズムであるといった方が適切ではないかと思っている。もともと、リベラルという言葉は、自由、寛容というような意味をもつが、リベラリズムに対応する適当な日本語は見当たらない。自由主義という訳語を使うことがあるが、正反対に近い意味をもち、誤解を招きやすいので、ここではリベラリズムという表現を使うことにしたいと思う。

ジョン・デューイは、人間が神から与えられた受動的な存在ではなく、一人ひとりがその置かれた環境に対処して、人間としての本性を発展させようとする知性をもった主体的実体としてとらえる。そのとき、リベラリズムの思想は人間の尊厳を守り、魂の自立を支え、市民的自由が最大限に確保できるような社会的、経済的制度を模索するというユートピア的運動なり、学問的研究の原点として、二十世紀を通じて大きな影響を与えてきた。

決して政治的権力、経済的富、宗教的権威に屈することなく、一人ひとりが、人間的尊厳を失うことなく、それぞれがもっている先天的、後天的な資質を充分に生かし、夢とアスピレーション（望み）とが実現できるような社会をつくりだそうというのがリベラリズムの立場なのである。したがって、リベラリズムの理念を具現化する経済体制は、しばしば制度主義といわれる。

制度主義の理念は、さまざまな機能をもつ社会的共通資本のネットワークとして具体的な形で表現されるが、どのような希少資源を社会的共通資本と類別して、どのような基準にしたがって管理、維持し、そこから生み出されるサービスをどのような基準にしたがって分配するかという問題はすべて、このリベラリズムの観点に立って、決められるわけである。

このとき、これまでも強調してきたように、制度主義を具現化するものとしての社会的共通資本は決して国家の統治機構の一部として官僚的に管理されたり、また利潤追求の対象として市場的な条件によってのみ左右されてはならない。社会的共通資本の各部門は、職業的専門家によって、職業的規範にしたがって、管理・維持されるべきものだからである。

このとき、「政府」の役割は、社会的共通資本の各部門の間の関係をどのように調整し、またそれぞれの部門で、希少資源の効率的な配分が実現し、そのサービスが公平に分配され、しかも財政的に可能になるような制度を策定し、具現化することにあるわけである。

三つの類型

社会的共通資本の具体的な形態は、三つの類型に分けられる。自然環境、社会的インフラストラクチャー、制度資本の三つである。この分類は必ずしも、網羅的でもなく、また排他的でもない。社会的共通資本の意味を明確にするための類型化と考えてもらって構わない。

自然環境は、森林、河川、湖沼、沿岸湿地帯、海洋、水、土壌、大気など多様な構成要因から成り立っている。これらの自然環境は、人間が生存するために不可欠なものであるだけでなく、人々の経済的、文化的、社会的活動のために重要な機能を果たしている。このような視点から、自然環境はしばしば自然資本とよばれているわけである。

社会的インフラストラクチャーはふつう社会資本と呼ばれているものである。道路、橋、鉄道、上・下水道、電力・ガスなどから構成されている。これらの社会的インフラストラクチャーの構成要因は、それぞれの機能に応じて、公的、私的いずれかの所有形態をとることはいうまでもない。

制度資本は、教育、医療、金融、司法、行政などさまざまな制度的要素から成り立っているが、自然環境、あるいは社会的インフラストラクチャーと必ずしも区別されない場合も少なくない。

これらの社会的共通資本の構成要因の多くに共通していえることは、外部性をもっていることである。たとえば、森林を例にとってみよう。一つの森林は、ある一定の地域に、一種類ないしは多様な樹木から構成されているが、数多くの種類のきのこ、つた、下草、さまざまな小動物なども含まれる。さらに、土壌、水も森林の重要な構成要因である。

一般に、森林の土壌は、落ち葉、枯れた樹木、動物の糞《ふん》、その死骸などが腐食してつくられた有機物を豊富に含み、すぐれた顆粒《かりゅう》性をもっている。また、雨水は、森林の土壌で浄化され、適度の無機成分をもつ水となって、農業、漁業を支え、人々の生存を可能にし、その生活をゆたかにする。

また、森林は、大気中の二酸化炭素を吸収して、地球温暖化を防ぐという点から重要な働きをしている。森林の機能は単に、樹木を育て、伐採して、さまざまな用途に当てるだけでなく、数多くの外部効果をもっている。したがって、森林の管理は、社会的な観点から行なわれるべきで、決して、市場的基準、ないしは官僚的基準にもとづくものであってはならないわけである。

最も重要な教育と医療

社会的共通資本としての制度資本を考えるとき、教育と医療がもっとも重要な構成要素である。教育は、一人ひとりの子どもたちが、それぞれもっている先天的、後天的能力、資質をできるだけ育て、伸ばし、個性ゆたかな一人の人間として成長することを助けようとするものである。他方、医療は、病気やけがによって、正常な機能を果たすことができなくなった人々に対して、医学的な知見にもとづいて、診療を行なうものである。いずれも、一人ひとりの市民が、人間的尊厳を保ち、市民的自由を最大限に享受できるような社会を安定的に維持するために必要、不可欠なものだからである。

ここでは、医療を例にとって、制度主義と社会的共通資本の関係を垣間みることにしよう。医療という言葉は一般に、WHO（世界保健機関）憲章で定義されている保健とほぼ同じような意味で用いられる。つまり、市民の健康を維持し、疾病・傷害からの自由を図るためのサービスを提供するもので、医療を社会的共通資本と考えるとき、市民は保健・医療にかかわる基本的なサービスの供与を享受する権利をもち、「政府」は、このようなサービスを提供する責務を負うことになるわけである。

具体的にいうと、「政府」は地域別に、病院体系の計画を策定し、病院の建設・管理のために必要な財政措置をとることが要請される。さらに、医師、看護師、検査技師などの医療にかかわる職業的専門家の養成、医療施設の建設、設備、検査機器、医薬品などの供給を行ない、すべての市民に対して、原則として無料ないしは低廉な価格で、保健・医療サービスを提供することが義務づけられているわけである。

しかし、国民経済全体にとって利用しうる希少資源の量は限られている。各市民の必要とする保健・医療サービスを必要に応じて無制限に供給することは不可能だ。病院をはじめとするさまざまな医療施設・設備をどこに、どのようにつくるか、医師をはじめとする医療に従事する職業的専門家を何人養成し、どこに、どのようにして配分するか、またどのようにして、実際の診療行為をするか、診療にかかわる費用、とくに検査・医薬品のコストをだれが、どのような基準で負担するのか——などにかんしては、なんらかの意味で、社会的な基準にしたがって、希少資源の配分が行なわなければならない。

経済を医療に合わせる

社会的共通資本としての医療制度は、なんらかの意味で社会的基準にもとづいて運営されなければならないということを強調してきた。この社会的基準は決して官僚によってつくられるものであってはならないし、また、官僚的に管理されるものであってはならない。それはあくまでも、医療にかかわる職業的専門家が中心になり、医学にかんする学問的知見にもとづき、医療にかかわる職業的規律・倫理に反するものであってはならない。

そのためには、レビューなどを通じて医療専門家の職業的能力・パフォーマンス、人格的な資質――などが常にチェックされるような制度的条件が整備されていて、社会的に認められているということが前提となる。

このような制度的前提条件がみたされているときに、実際に保健・医療サービスの供給のために、どれだけ希少資源が投下され、どれだけコストがかかったかによって、国民医療費が決まってくる。その額が国民経済全体からみて望ましい国民医療費となるわけである。

国民医療費は国民所得の何％が経済学の立場から望ましいかという設問がよく出されるが、経済学の枠組みのなかで、最適な国民医療費を計算することは不可能である。経済学の役割はあくまでも、医学的観点からみて最適な医療サービスが、社会的に公正な基準にしたがって効率的に配分されるためには、どのような医療制度をつくればよいのか、そのための財政的措置をどのようにすればよいかという問題を解決しようとするものである。

医療を経済に合わせるのではなく、経済を医療に合わせるのが、社会的共通資本としての医療を考えるときの基本的視点である。このような視点に立つとき、国民医療費の割合が高ければ、高いほど望ましいという結論が導き出される。国民医療費が高いということは、医師をはじめとして、医療にかかわる職業的専門家の数が多く、その経済的、社会的地位も高く、またさまざまな希少資源が、保健・医療サービスの供給に投下され、より多くの有形、無形の希少資源が、医学あるいは関連する学問分野の研究に投下されることを意味する。

したがって、他の条件が等しければ、国民医療費の割合が高いほど、社会全体でみたとき、人間的にも、文化的にも、医療にかかわる職業は安定した、魅力あるものとなるといってよい。医療とか教育にかかわる職業は一般に人間の生き方のなかで最も素晴らしいものであるといってよいであろう。

学校教育の三つの機能

教育は、人間が人間として生きてゆくということをもっとも鮮明にあらわす行為である。一人ひとりの子どもについて、その置かれた先天的、歴史的、社会的条件の枠組みを超えて、知的、精神的、身体的、芸術的な営みをはじめとしてあらゆる人間的活動の面で進歩と発展を可能にしてきたのが教育の役割である。学校教育は、このような教育の理念を具体的な形で実現するための社会的制度であって、その社会の社会的安定度、文化的成熟度をあらわすものであるといってよいと思われる。

このような視点に立って、学校教育の本質について深い洞察をもって、するどい分析を展開したのがジョン・デューイだ。デューイの教育理論は二十世紀を通じて、学校教育のあり方に対して大きな影響を与えてきた。

デューイは、人間が神から与えられた存在ではなく、各自が置かれている環境に対処して常に人間としての本性を発展させようとする知性をもった主体的存在としてとらえようとする。そのとき、リベラリズムの学校教育にかんする基本的な考え方が提示されるわけである。それは、デューイがその古典的な名著『民主主義と教育』のなかで、学校教育制度が果たす機能として挙げた三つの機能に要約される。社会的統合、平等、人格的発展の三つの機能である。

デューイが学校教育の果たす第一の機能として取り上げているのは、社会的統合だ。子どもたちが、各自の育った狭い家庭的、地域的環境を超えて、多様な文化的、民族的、社会的背景をもった子どもたちと、学校でともに学び、遊ぶことによって、お互いに人間的共感をもち、社会的存在としての意識を育てるのが、学校教育の果たす重要な機能であるとデューイは考えたのである。

第二の機能は、平等にかかわるものである。子どもたちの一人ひとりが、その経済的、地域的、社会的集団の枠を超えて、斉《ひと》しく学校教育を享受することができるようにすることが学校教育の重要な機能であるとデューイは考えた。学校教育によって、社会的、経済的体制によって必然的に生み出される不平等を効果的に是正することができるということのデューイの理念は、公立学校の制度の下ではじめて実現することになるわけである。

デューイが強調した学校教育の第三の機能は、子どもたちの知的、精神的、道徳的な発達をうながすという点。一人ひとりの子どもは、それぞれ異なった身体的、知的、道徳的、芸術的能力をもっていて、学校教育を通じてこれらの潜在的能力を十分に発達させることが可能になってくるとデューイは主張したのである。

ヒューマン・キャピタル

学校教育、というよりは教育一般について、デューイの三原則に加えて強調したいことがある。それは、教育というのは、子どもたちの一人ひとりがもっている本有的(innate)な能力をできるだけ伸ばし、発展させることだということである。子どもたちの一人ひとりは、それぞれ固有の分野について、素晴らしい本有的な能力をもっている。それは、ちょうど花の蕾《つぼみ》のようなものである。それは絵を描くことであったり、歌をうたうことであったり、むずかしい数学の問題を解くことであったり、生物の生態を観察することであったり、一人ひとりの子どもについて、それぞれ特有の分野についてである。

教育のもっとも大切な機能は、一人ひとりの子どものもっている、この本有的な能力の蕾を大事に育てて、みごとな花に開花させることだ。子どもたちのもっている、この蕾はじつに繊細な、こわれやすいものである。しかも、子どものときに、適当な刺激を与えて、蕾が大きくなるようにしなければならない。ある程度、子どもが成長してしまうと蕾はしぼんでしまって、どんな刺激を与えても、駄目になってしまうものだからである。

教育の基本的機能をこのように理解するとき、子どもたちを比較したり、順位をつけてはいけないことになる。偏差値とか、入試センター試験のような制度がいかに教育の理念に反したものであるか、分かるだろう。教育の機能をこのように理解するとき、ヒューマン・キャピタルの概念にもとづくゲイリー・ベッカーの教育経済学の考え方がいかに非人間的、反社会的なものであるといってよい。

ヒューマン・キャピタルの考え方はもともと、T・W・シュルツが米国農業の発展過程を分析した一連の労作のなかで導入した。シュルツは、米国農業の歴史をつぶさに分析して、米国農業の生産性の上昇が農民一人ひとりのもっている農業生産にかかわる知識の蓄積に依存するところがきわめて大きいことを発見した。シュルツは、この、農民一人ひとりのもっている農業生産にかかわる知識の蓄積をヒューマン・キャピタルとよんで、国民経済全体の経済発展の過程で重要な役割を果たすことを強調したのである。

シュルツはさらに進んで、農業生産にかかわる知識の経済的性質をくわしく分析して、農民一人ひとりがこの知識をどのような動機にもとづいて、どのようにして獲得するかについて、すぐれた実証分析を展開した。ちなみに、これらの研究に対して、シュルツはのちに、ノーベル経済学賞を授与されることになる。

苦しみと楽しみを比較

ヒューマン・キャピタルの考え方はずっとあとになってから、ミルトン・フリードマンによって、病的なまでの形で展開されることになった。それは、フリードマンが貨幣数量説を正当化するために使ったものである。この考え方はのちに、マネタリズムの経済学として、大きな影響を与えることになるわけである。

フリードマンは、各人がもっている資産をノン・ヒューマン・キャピタルとヒューマン・キャピタルとに分けて考える。ノン・ヒューマン・キャピタルは、土地、家屋、金融資産など普通の資産であるが、ヒューマン・キャピタルは、各人のもっている知識、技術、技能などの人間的能力をすべて考慮に入れて、それぞれを市場的尺度で測って、足し合わせたものとして定義された。

ここで、ヒューマン・キャピタルの各構成要素を市場的尺度で測るというのは、次のようなことを意味する。いまある個人のもっている特定の技能を考えてみよう。この個人はその技能を提供して、仕事をし、報酬を得るわけだが、その報酬の大きさは、この技能が市場でどのように評価されるかによって決まってくる。この報酬は、いま考察している個人の一生の間、働くことができる期間を通じて得られるものである。

したがって、この個人のもっている特定の技能の市場的価値は、年々得られる報酬を、ある適当な率で割り引いた割引現在価値によって評価されることになる。

このようにして、各個人のもっているさまざまなヒューマン・キャピタルの構成要素の市場的価値を計算して、足し合わせた金額が、その個人のヒューマン・キャピタルの大きさをあらわすわけである。このヒューマン・キャピタルの評価方法は、ノン・ヒューマン・キャピタルの一般的評価方法をそのまま踏襲したものである。

ノン・ヒューマン・キャピタルの場合、その構成要素は土地、家屋、金融資産など普通の資産であって、原則として、市場で取引されると考えてよい。もし、これらの市場が金融資産市場と同じような性格をもっていて、完全競争的な市場であると想定すれば、上の評価方法は少なくとも、近似的に妥当し、ノン・ヒューマン・キャピタルから生み出される所得の割引現在価格と一致すると考えられる。しかし、ヒューマン・キャピタルの場合、その構成要素を取引するような市場を想定することはできない。フリードマンのヒューマン・キャピタルの考え方は、一人ひとりの人間を売買する市場が存在するような状況の下ではじめて正当化されるものだからだ。

人間を売買する市場

フリードマンはさらに進んで、各個人はそれぞれ、自分のもっている全資産から生み出される現在から将来へかけての所得の時間的系列が最適になるように、保有する資産のノン・ヒューマン・キャピタルとヒューマン・キャピタルの構成割合を決めようとすると考えた。南北戦争以前の米国南部の大農園の所有者が、農地の保有面積と所有する奴隷の人数を最適な割合にしようとするのと、まったく同じ選択行動を想定しているわけである。フリードマンの想定する状況が現実のものとなっている国はどこにも存在しない。

フリードマンは、このノン・ヒューマン・キャピタルとヒューマン・キャピタルの考え方を使って、貨幣数量説を「証明」したとし、ケインズ以前の新古典派経済学の基本的前提条件がみたされたと主張して、分権的市場経済制度の下における完全雇用、調和的経済循環の神話の復活を試みたわけである。

ゲイリー・ベッカーは、フリードマンのヒューマン・キャピタルの考え方を、人間の行動すべてに適用した。ベッカーは、教育経済学、犯罪の経済学、人種差別の経済学、結婚の経済学、離婚の経済学、さらには浮気の経済学など数多くの分野で、精力的に反社会的、非人間的な研究を展開した。ベッカーの教育経済学は、これら一連の研究業績のなかで、もっとも重要な意味をもつものだが、その考え方のエッセンスは、犯罪の経済学にもっとも鮮明に、また分かりやすい形であらわれている。

ベッカーの犯罪の経済学は、次のような行動様式を想定する。各個人がある犯罪を犯すかどうか決めるときに、その犯罪によって得られる効用の大きさと捕まって処罰されたときに失う効用の大きさを比較して、前者の方が後者より大きければ、犯罪を犯し、逆の場合には、犯罪を犯さないという選択をするというのである。

たとえば、ある個人が殺人という行為をするか、どうか迷っているとき、殺人をするときに得られる楽しみが、捕まって死刑に処せられるときの苦しみより大きいときに殺人という行為を選択するというわけだ。ベッカーは、この考え方に対して、見かけ上の科学性を与えるために、捕まって死刑に処せられる確率を考慮に入れて、殺人にともなって失われる効用の数学的期待値まで計算している。

また、ベッカーの結婚の経済学は、次のような考え方にもとづくものである。ある若者が結婚するか、どうかを選択するのに、結婚して得られる効用の大きさと結婚によって失われる効用の大きさとを比較して、決めるというのである。

学校教育の経済的意味

レオン・ワルラスは新古典派経済学の始祖といわれる経済学者だが、彼は若いとき、作家を志していた。今からかれこれ三十年も前になるが、ワルラスが若いときに書いたという短編小説の草稿が発見されたことがある。その小説は、次のような内容のものだ。ある若者（多分、ワルラス自身のことだろう）が一人の女性に恋して、求婚するかどうか迷っていた。その若者はそこで結婚したときに得られるであろう効用を事細かにリスト・アップし、他方、結婚したときに掛かる費用を、心理的なものまで含めてくわしく計算するわけである。そして、結婚したときにかかる費用の方が、結婚したときに得られる効用より大きいことを知って、求婚するのを断念するという筋である。ワルラスは結局、この草稿の出来栄えをみて、作家としての才能のないことを自ら悟って、経済学者への道を志すことになったといわれている。

ベッカーの教育経済学は、このような考え方を学校教育の問題にそのまま適用するものである。一人ひとりの子どもが学校教育を受けるかどうか決めるのに、学校を卒業したとしたときに、一生を通じてどれだけ所得が増えるかということと、学校教育を受けるためにどれだけ費用がかかるかを比較して選択するという考え方だ。

ベッカーは、学校教育の経済的意味について、詳細な理論的、実証的分析を展開し、また学校教育の経済的費用についても、たんに授業料などの直接的費用だけでなく、学校教育を受けないで働いたときに得られる、いわゆる機会所得も考慮に入れて周到な分析を行なっているが、その基本的考え方は同じである。

フリードマンは、各経済主体は、すべての経済行為について、自らの主観的効用を最大にするように選択するという前提の下に議論を進めている。そして、すべての希少資源に対して、私的所有ないしは私的管理の原則が貫かれ、完全競争的な市場を通じて、希少資源の配分と所得の分配が行なわれるときに、「最適」な状態が実現することを強調した。ベッカーの教育経済学も、経済体制のあり方にかんするフリードマンの考え方をそのまま踏襲し、希少資源の私有制の下における分権的市場経済制度を想定して考えを進めようとするものである。

これに対して、学校教育を社会的共通資本の一つの構成要素と考えるとき、教育の本来の目的が達成されるように、教育にかかわる専門家たちが、その職業的規範にしたがって最良の教育を行なうように努力することが要請され、そのときに生じる財政的コストは何らかの形で社会的に負担しようということになるわけである。このことは、社会的共通資本一般に適用されるのである。

（初出　一九九八年一月一日〜一六日付『日本経済新聞』「やさしい経済学」）

私の東大改革論――創造的な研究を生むには「リベラルアーツの府」に

今からもう三十年くらい前、東大紛争の時に学内に政治学者の丸山眞男先生を中心とした改革フォーラムができて、そこで東大を解体しようという結論を出したことがありました。学内の正式な集まりで、僕もメンバーの一人だったんです。その後、いろいろあってこの案はつぶされてしまったけれど、僕はあの考え方は今でもなかなかいい案だと思っています。

教養は二流扱い

その内容はまず、教養学部のある駒場のキャンパスを四年制の「リベラルアーツのカレッジ」にし、それを東京大学とする。できれば全寮制でね。一方で（専門教育の中心である）本郷のキャンパスはそれぞれの学部を法学や経済学、工学などの研究者を育成する専門学校として独立させる。今でいう大学院のようだけど、そこでは大卒などの受験資格の規制はなくすという内容でした。

リベラルアーツは自由学芸と訳されることがあるが、それでは全く意味が違う。アートという言葉はヒポクラテスの格言にも使われているけれど、知識や技術、芸術など人間の営みの総体というのかな。それらを専門を問わず、どん欲に吸収するのがリベラルアーツ。それを終えて初めて自分の専門を決める形です。戦前は日本でも旧制高校がリベラルアーツのカレッジに相当していたんです。

ところが戦後の新しい学校制度を作った時にリベラルアーツの教育を大変おかしいものにしちゃった。東大は最初の二年間を教養課程といってるんだけど、非常に中途半端なアペンディックス（付録）のようなものにした。それで文部科学省も駒場キャンパスは本郷に比べて予算から建物、人材まですべての意味で二流に位置づけるようになったんですよ。

全寮制で交流

だから駒場の教育は投げやりで本当にひどくなった。学生にとっては受験勉強をしていた時の方がずっと深い知識があって、緊張感がある。五月病もそういう無責任な教育をやってるから生まれたんですよ。リベラルアーツの教育は先人の知的遺産を次の世代に伝える役割を果たすという意味でも大事なことなのに、それが軽視されたことが戦後の大学教育を非常にゆがめたと思います。

外国のリベラルアーツのカレッジは英ケンブリッジ大学やオックスフォード大学でも全寮制が典型的な形です。原則、教師もそこに住んでいて、しょっちゅう先生の家に呼ばれてお茶を飲んだりして、交流は非常に密なんですよね。僕がいたころの旧制高校もそういう雰囲気で、講義の中身なんかはほとんど覚えていない。そういう自由な雰囲気の中でないと人間の営みのようなものはなかなか伝わらない。

日本の教育は明治以降、オランダやドイツ、米国などから近代的な科学や技術を学ぶというのが大方針だったでしょう。基本的に輸入した知識が中心ですが、実はもう少し大事なものがあって、それとのバランスが必要なんじゃないかと思う。それが専門を問わずに自由な人間の精神を育てるリベラルアーツの教育だったんじゃないかと。

西洋の科学技術が発展した背景にはもともと、深い人間精神の探究とか自由な知識欲がある。文科省は建物や設備にカネをつぎ込めば大学がよくなると思っているが、それは大間違い。企業でもソニーなんかは最初は掘っ立て小屋みたいなところから始まったんでしょう。人間の自由な精神を豊かにすれば、模倣ではない、創造的な研究が生まれていくんじゃないのかな。

戦後教育は官僚が中心になっていろいろ考えていったでしょう。官僚は本来、行政のルールを守り、それを超えてはいけないもの。人間精神の自由な活動がもともと否定されるべき組織なんですよね。だから従来の常識を超えて何か新しいものを生み出していこうということができない。日本は優秀な人がそういう官僚組織を形成しているところに問題があると思います。

官僚主義生む

官僚の束縛から離れるという点では僕は国立大学の独立行政法人化は全く理解できない。今まで基本的には教育基本法とかで大学の自由が守られ、官僚が勝手に大学をつぶすとか、予算を減らすことができなかった。今後は職員は半官半民のようになるんでしょうが、大学や学部の存続が三年か五年ごとの評価で決められることになりかねない。今よりもっとひどい状況になるんじゃないか。

それよりも（かつて論じたように）東大を解体することがますます有効になってき

ているとと思う。国の財政が厳しくなる中でリベラルアーツのカレッジをどう支えるかという課題はあるけれど、米国の大学のように少しずつでもコミュニティー（地域社会）が寄付などでそれを支えていけばいいんじゃないかな。

東大の問題は官僚の再生産工場という側面もあるけれど、リベラルアーツの豊かな人間精神と専門知識を兼ね備えた官僚なら狂牛病や諫早湾の干拓問題でも、もっと国民の苦しみを理解した対応ができたかもしれない。米経済学者のサミュエル・ボウルズは学校教育制度は社会矛盾の反映だとして、教育制度だけを改革するむなしさを指摘したが、僕はまだ大学を変えることで社会を変えられるんじゃないかと思っている。

（初出　二〇〇二年一月一一日付『日経産業新聞』）

【編集部注】

本書は、二〇一四年一一月に日本経済新聞出版社から刊行した同名書を文庫化したものです。二〇〇二年三月に『日本経済新聞』朝刊文化面に連載された「私の履歴書」を第Ⅰ部、『日本経済新聞』『日経産業新聞』に掲載された論考を第Ⅱ部として編集しています。登場人物の肩書は、原則として新聞掲載時のままです。

日経ビジネス人文庫

経済《けいざい》と人間《にんげん》の旅《たび》

2017年10月2日 第1刷発行

著者
宇沢弘文
うざわ・ひろふみ

発行者
金子 豊

発行所
日本経済新聞出版社
東京都千代田区大手町1-3-7 〒100-8066
電話(03)3270-0251(代) http://www.nikkeibook.com/

ブックデザイン
鈴木成一デザイン室

印刷・製本
中央精版印刷

定価はカバーに表示してあります。落丁本・乱丁本はお取り替えいたします。

Printed in Japan ISBN978-4-532-19837-4